Kauderwelsch
Band 68

Impressum

Arno Günther
Mongolisch — Wort für Wort
erschienen im
REISE KNOW-HOW Verlag Peter Rump GmbH
Osnabrücker Str. 79, D-33649 Bielefeld
info@reise-know-how.de

3. Auflage 2005

Bearbeitung & Layout Claudia Schmidt
Layout-Konzept Günter Pawlak, FaktorZwo! Bielefeld
Umschlag Peter Rump (Titelfoto: Barbara Stelling)
Kartographie Iain Macneish
Fotos Barbara & Thomas Stelling
Druck und Bindung Fuldaer Verlagsanstalt GmbH & Co. KG, Fulda

ISBN 3-89416-258-9
Printed in Germany

Dieses Buch ist erhältlich in jeder Buchhandlung der BRD, Österreichs, der Schweiz und der Benelux. Bitte informieren Sie Ihren Buchhändler über folgende Bezugsadressen:
BRD Prolit GmbH, Postfach 9, 35461 Fernwald (Annerod) sowie alle Barsortimente
Schweiz AVA-buch 2000, Postfach 27, CH-8910 Affoltern
Österreich Mohr Morawa Buchvertrieb GmbH, Sulzengasse 2, A-1230 Wien
Benelux Willems Adventure, Postbus 403, NL-3140 AK Maassluis
direkt Wer im Buchhandel kein Glück hat, bekommt unsere Bücher zuzüglich Porto- und Verpackungskosten auch direkt beim Verlag oder über unseren Internet-Shop:
http://www.reise-know-how.de
Zu diesem Buch ist ein **Tonträger** erhältlich, ebenfalls in jeder Buchhandlung der BRD, Österreichs, der Schweiz und der Beneluxländer.
Der Verlag möchte die **Reihe Kauderwelsch** weiter ausbauen und **sucht Autoren**!
Mehr Informationen finden Sie auf unserer Internetseite
www.reise-know-how.de/buecher/special/schreiblust-inhalt.html

Kauderwelsch

Arno Günther

Mongolisch

Wort für Wort

Reise Know-How
im Internet
www.reise-know-how.de
info@reise-know-how.de

*Aktuelle Reisetipps
und Neuigkeiten,
Ergänzungen nach
Redaktionsschluss,
Büchershop und
Sonderangebote
rund ums Reisen*

Die
Reise Know-How Verlag
Peter Rump GmbH
ist Mitglied der
Verlagsgruppe Reise Know-How

Kauderwelsch-Sprechführer sind anders!

Warum? Weil sie Sie in die Lage versetzen, wirklich zu sprechen und die Leute zu verstehen.

Wie wird das gemacht? Abgesehen von dem, was jedes Sprachbuch bietet, nämlich Vokabeln, Beispielsätze etc., zeichnen sich die Bände der Kauderwelsch-Reihe durch folgende Besonderheiten aus:

Die **Grammatik** wird in einfacher Sprache so weit erklärt, dass es möglich wird, ohne viel Paukerei mit dem Sprechen zu beginnen, wenn auch nicht gerade druckreif.

Alle Beispielsätze werden doppelt ins Deutsche übertragen: zum einen **Wort-für-Wort**, zum anderen in „ordentliches" Hochdeutsch. So wird das fremde Sprachsystem sehr gut durchschaubar. Denn in einer fremden Sprache unterscheiden sich z. B. Satzbau und Ausdrucksweise recht stark vom Deutschen. Ohne diese Übersetzungsart ist es so gut wie unmöglich, schnell einzelne Wörter in einem Satz auszutauschen.

Die **Autorinnen** und **Autoren** der Reihe sind Globetrotter, die die Sprache im Land selbst gelernt haben. Sie wissen daher genau, wie und was die Leute auf der Straße sprechen. Deren Ausdrucksweise ist nämlich häufig viel einfacher und direkter als z. B. die Sprache der Literatur oder des Fernsehens.

Besonders wichtig sind im Reiseland **Körpersprache, Gesten, Zeichen** und **Verhaltensregeln**, ohne die auch Sprachkundige kaum mit Menschen in guten Kontakt kommen. In allen Bänden der Kauderwelsch-Reihe wird darum besonders auf diese Art der nonverbalen Kommunikation eingegangen.

Kauderwelsch-Sprechführer sind keine Lehrbücher, aber viel mehr als Sprachführer! Wenn Sie ein wenig Zeit investieren und einige Vokabeln lernen, werden Sie mit ihrer Hilfe in kürzester Zeit schon Informationen bekommen und Erfahrungen machen, die „taubstummen" Reisenden verborgen bleiben.

Inhalt

Grammatik

Konversation

Anhang

Vorwort

Mongolei – in Europa heißt das für viele Tschinggis Chaan, endlose Steppe, herumziehende Viehherden und Abenteuer. Mongolei – das ist auch ein Land im Aufbruch, das ist vor allem das liebenswürdige Volk der Mongolen. Wer erst einmal beginnt, Mongolisch zu lernen, wird überrascht sein, wie einfach und schön diese Sprache ist. Sicher, im ersten Moment klingen die Worte ungewohnt, ist die Aussprache ziemlich schwer, und auch das Erlernen der Grammatik bedarf einiger Mühe. Aber ein Land lässt sich nur wirklich erkunden und verstehen, wenn man seine Sprache spricht oder wenigstens einige Grundbegriffe kennt. Sicher wird bei der Anwendung seiner Mongolischkenntnisse derjenige im Vorteil sein, der mit den kyrillischen Buchstaben vertraut ist. Der Kauderwelsch „Mongolisch" verwendet jedoch lateinische Buchstaben und folgt damit auch den Spuren derer, die immer wieder versucht haben, Mongolisch-Deutsch für den Alltag so aufzuschreiben, dass man einfach nur versteht und verstanden wird.

Der Kauderwelsch „Mongolisch" soll auf sehr unkomplizierte Art helfen, sich in der Mongolei verständlich zu machen. Ziel ist die Kommunikation in wichtigen (touristischen) Alltagssituationen.

Arno Günther

Hinweise zur Benutzung

Der Kauderwelsch-Band „Mongolisch“ ist in drei wichtige Abschnitte gegliedert:

Grammatik Die Grammatik beschränkt sich auf das Wesentliche und verschafft so einen Überblick zum Aufbau der Sprache. Absichtlich wurde auf komplizierte Konstruktionen und Ausnahmen verzichtet. Wer nach der Lektüre gerne noch tiefer in die Grammatik des Mongolischen eindringen möchte, findet im Anhang Hinweise auf weiterführende Literatur.

Konversation Der Konversationsteil enthält Sätze aus dem Alltagsgespräch mit den wichtigsten und häufigsten Wörtern, die in der jeweiligen Situation benötigt werden. In Notsituationen ist das Kapitel „Hilferufe auf Mongolisch“ im Anhang sicher eine wertvolle Hilfe.

Wort-für-Wort-Übersetzung Um die sich vom Deutschen unterscheidende Wortfolge mongolischer Sätze zu verstehen, ist die Wort-für-Wort-Übersetzung in kursiver Schrift gedacht. Jedem mongolischen Wort entspricht ein Wort in der Wort-für-Wort-Übersetzung. Wenn ein mongolisches Wort im Deutschen durch zwei oder mehr Wörter wiedergegeben wird, sind diese durch einen Bindestrich verbunden:

Uutschlaaraj!
entschuldigen-bitte(!)
Bitte entschuldigen Sie

Wörter, die man untereinander austauschen kann, sind durch einen Schrägstrich voneinander getrennt. Darüber hinaus stehen in der Wort-für-Wort-Übersetzung weitere Abkürzungen, z. B. „FP" für „Fragepartikel" oder eine Ziffer (von „2" bis „7"), die Auskunft über den Fall gibt, in dem das betreffende Wort gebeugt ist:

Bi mongoloor muu/dshaahan ojlgodsh bajna.
ich mongolisch-6 schlecht/ein-wenig verstehe ist
Ich verstehe Mongolisch (nur) schlecht/ ein wenig.

Ta mongoloor jardag uu?
Ihr mongolisch-6 sprechen FP
Sprechen Sie Mongolisch?

Mit Hilfe der Wort-für-Wort-Übersetzung können Sie bald eigene Sätze bilden, indem Sie die Sätze als Satzschablonen benutzen und neue Wörter aus den Wörterlisten einsetzen. Satzbeispiele, die Auslassungen enthalten (durch „..." gekennzeichnet) können durch jedes Hauptwort aus der Wörterliste im Anhang (in unveränderter Form) ergänzt werden, es sei denn, es steht ein Hinweis auf eine andere bestimmte Wortart.

... haa bajna?
... wo ist
Wo ist ...?

Seitenzahlen

Um Ihnen den Umgang mit den Zahlen zu erleichtern, wird auf jeder Seite die Seitenzahl auch auf Mongolisch in Lautschrift angegeben!

Hinweise zur Benutzung

Wörterlisten Die Wörterlisten enthalten jeweils ca. 1000 der wichtigsten Wörter „Deutsch-Mongolisch“ und „Mongolisch-Deutsch“, die man im Alltag benötigt.

Abkürzungen In der Wort-für-Wort-Übersetzung, den Beispielsätzen und in den Wörterlisten werden folgende Abkürzungen verwendet:

Ez / Mz	Einzahl / Mehrzahl
End.	Endung
P	Partikel (unübersetzbares Funktionswort)
FP	Fragepartikel (kennzeichnet Satz als Entscheidungsfrage)
(!)	Aufforderung
2–7	„Nummer“ des verwendeten Falls
+2.-7.	zu verwendender Fall bei Ergänzung
Vok!	Vokalharmonie

Umschlagklappe Hier finden sich schnell die wichtigsten Angaben zur Aussprache, die Zahlen und eine kleine Liste der wichtigsten Fragewörter, Richtungs- und Zeitangaben. Aufgeklappt ist der Umschlag eine wesentliche Erleichterung, da nun die gewünschte Satzkonstruktion mit dem entsprechenden Vokabular aus den einzelnen Kapiteln kombiniert werden kann.

Die Umschlagklappe hilft, die wichtigsten Sätze und Formulierungen stets parat zu haben.

Das Kapitel „Nichts verstanden? – Weiterlernen!“ befindet sich ebenfalls im Umschlag, stets bereit, um mit der richtigen Formulierung für z. B. „Ich habe leider nicht verstanden.“ oder „Wie bitte?“ auszuhelfen.

Die mongolische Sprache

Insgesamt etwa 4 Millionen Menschen sprechen eine mongolische Sprache, darunter in der Mongolei, in Nordchina und in Afghanistan. Chalch-Mongolisch, wie es der Kauderwelsch „Mongolisch“ vermittelt, ist die offizielle Nationalsprache in der Mongolischen Republik. Es gilt heute weitläufig als das eigentliche Mongolisch.

Die Einordnung der mongolischen Sprache fällt schwer. Oftmals wird sie wegen Ähnlichkeiten in Grammatik und Wortschatz mit den türkischen Sprachen und den mandschurisch-tungusischen Sprachen unter der Bezeichnung „altaische Sprachen“ zusammengefasst. Vermutet wird aber auch ein Zusammenhang mit den finnisch-ugrischen Sprachen.

Die mongolischen Sprachen können in drei sprachliche Hauptgruppen eingeteilt werden, wobei die Übergänge fließend sind: Die **westmongolischen Sprachen** und Dialekte werden von den Kalmücken und in der Mongolei von den Dörböd, Torgut, Urianchaj sowie anderen kleineren Völkerschaften gesprochen. Die **isolierten mongolischen Sprachen** in Nordchina, dazu gehören u. a. Dagurisch, Mongor, Bao'an, sowie in Afganistan die Mogol-Sprache, werden von den anderen Mongolen nicht mehr verstanden. **Ostmongolisch** ist wohl am weitesten verbreitet und für die meisten

Mongolen verständlich. Zu dieser Gruppe gehören das Chalch-Mongolisch, die Sprache der Burjaten sowie Sprachen und Dialekte verschiedener mongolischer Völkerschaften Chinas.

In der „Anklebesprache“ Mongolisch gibt es eine fast unübersehbare Vielfalt an Endungen, die man an Wortstämme anfügen kann.

Charakteristisch für die mongolische Sprache ist, dass die meisten grammatikalischen Bedeutungen und Sinnwandlungen durch Endungen zum Ausdruck kommen, die an den Wortstamm „angeklebt“ werden. Wegen dieser Eigenschaft zählt Mongolisch zu den agglutinierenden Sprachen (lat. agglutinare = „ankleben“). Beim Erlernen dieser Sprache hat man somit einige Vorteile; denn sind der Wortstamm und die entsprechenden Endungen erkannt, ist die Übersetzung oftmals eine Sache der Logik.

Im Verlaufe der Sprachentwicklung haben sich jedoch die auslautenden Silben einiger Wortstämme stark reduziert. Sie erscheinen heute nicht mehr; sind aber nach wie vor wichtig für die Wahl der jeweils richtigen Variante einer „anzuklebenden“ Endung. Neumongolisch lässt leider nicht immer erkennen, wie der Wortstamm in früheren Zeiten, also in der altmongolischen Sprache, endete. So wurde aus „sawan“ z. B. saw (Gefäß); aus „bajsching“ wurde bajschin (Haus).

Mit den veränderten Lebensumständen der Mongolen hat sich auch ihre Sprache gewandelt. Mongolisch enthält heute viele international gebräuchliche Wörter (z. B. komputer, taksi usw.) sowie Begriffe aus dem Russi-

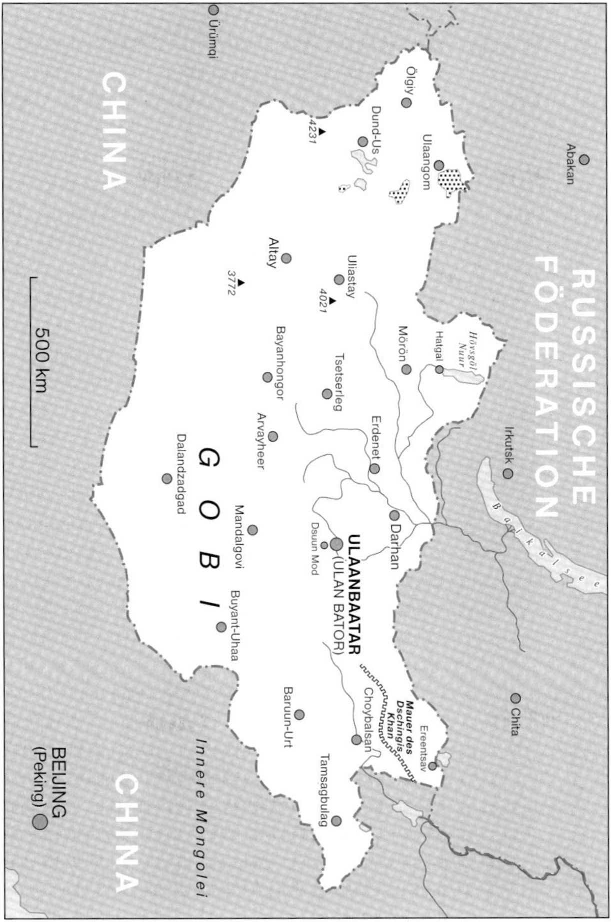
RUSSISCHE FÖDERATION
CHINA
CHINA
Abakan
Irkutsk
Baikalsee
Chita
Ölgiy
Dund-Us
Ulaangom
4231
Altay
Uliastay
4021
3772
Mörön
Hatgal
Hövsgöl Nuur
Tsetserleg
Bayanhongor
Arvayheer
Erdenet
Darhan
ULAANBAATAR (ULAN BATOR)
Dsuun Mod
GOBI
Dalandzadgad
Mandalgovi
Buyant-Uhaa
Baruun-Urt
Choybalsan
Mauer des Dschingis Khan
Ereentsav
Tamsagbulag
Innere Mongolei
BEIJING (Peking)
Ürümqi
500 km

schen, dem Chinesischen, dem Sanskrit, dem Tibetischen und zunehmend auch englische Wörter. Diese „importierten" Wörter gibt es insbesondere auf den Gebieten der Polit- und Naturwissenschaften, der Technik sowie in den Lebensbereichen, die dem Nomadentum nicht eigen waren. Gebräuchlich sind heute z. B. Begriffe wie kofe, maschin („Maschine" für Auto), bendsin, bank (Finanzw.), tiket, teatr und andere weitläufig verständliche Worte aus dem Alltag.

Mongolisch geblieben ist der Name der Hauptstadt Ulaanbaatar (ulaan = rot, baatar = Held, Recke). Nur in Übersetzungen, so auch im Deutschen, heißt die Hauptstadt oftmals jedoch Ulan-Bator.

Der Kauderwelsch „Mongolisch" verzichtet darauf, die Wandlung von Wortstämmen und ihre grammatikalische Wirkung aufzuzeigen, um das Anwenden der Sprache nicht unnötig zu erschweren. Wort- oder Satzbeispiele, die im Alltag geläufig sind, werden daher ohne weitere Erklärung mit den entsprechenden Endungen dargestellt.

Wer die mongolische Sprache erlernt, dem wird schnell auffallen, dass es für viele Begriffe und Sachverhalte kaum Entsprechungen gibt; egal ob man nun aus dem Deutschen ins Mongolische übersetzen will oder umgekehrt. Dies ist nur allzu verständlich, denn zu unterschiedlich waren die Bedingungen, unter denen sich beide Völker und ihre Sprachen entwickelten.

Die Schrift

Quadratschrift

Die Mongolen verwendeten in ihrer langen Geschichte verschiedene Schriften, die sich sehr unterschieden. Chubilaj Chan, ein Nachfahre Tschinggis Chaans, führte im Jahre 1269 die Quadratschrift ein, die nach dem Sturz der Yüan-Dynastie 1368 jedoch wieder verschwand. Ihr Ursprung liegt in der tibetischen Schrift. Hier eine kleine Schriftprobe:

ündür
(hoch)

nom
(Buch)

Sojombo-Schrift

Der Quadratschrift folgte die Sojombo-Schrift. Ihr entstammt das Sojombo-Symbol, welches in Abwandlungen über Jahrhunderte die Banner der Mongolen schmückte und heute Bestandteil der mongolischen Nationalflagge ist:

Altmongolische Schrift

Die altmongolische Schrift, wie sie jetzt wieder in der Mongolischen Republik und in der Inneren Mongolei (China) geschrieben wird, hat ihren Ursprung in der Schrift der Uiguren, eines alttürkischen Volkes. Altmongolisch ist eine Buchstabenschrift. Die meisten Buchstaben treten in mehreren Schreibvarianten auf: je nachdem, ob sie am Anfang, in der Mitte oder am Ende eines Wortes stehen. Altmongolisch wird gegenwärtig vor allem in Zeitungsüberschriften, Beschilderungen von offiziellen Gebäuden etc. angewandt. Die nebenstehende Schriftprobe (von oben nach unten gelesen) bedeutet mongol (mongolisch).

Es gab Ende der 20-er Jahre auch Versuche, die lateinische Schrift einzuführen, zunächst sogar nicht ohne Erfolg.

Die altmongolische Schrift wies zu Beginn dieses Jahrhunderts sehr starke Unterschiede und Ungenauigkeiten zur gesprochenen Sprache auf. Daher stellte sich frühzeitig die Aufgabe, eine Schrift zu finden, die einfacher war als Altmongolisch und welche die moderne mongolische Sprache genauer wiedergab.

1941 – Europa stand bereits im Krieg – beschloss man, Mongolisch mit kyrillischen Buchstaben zu schreiben. Im Unterschied zum Russischen kennt das neumongolische Alphabet zwei neu eingefügte Zeichen, und zwar Y und Θ.

Seit geraumer Zeit wird die altmongolische Schrift wieder in den Schulen gelehrt. Die Rückbesinnung auf die alte Schrift ist für die heutige Mongolei ein Stück Suche nach ihrer eigenen Identität. Dem Touristen begegnet Altmongolisch in Ulaanbaatar vor allem als Schrift für Reklame oder in den Beschilderungen offizieller Gebäude und Institutionen.

Altmongolisches Alphabet

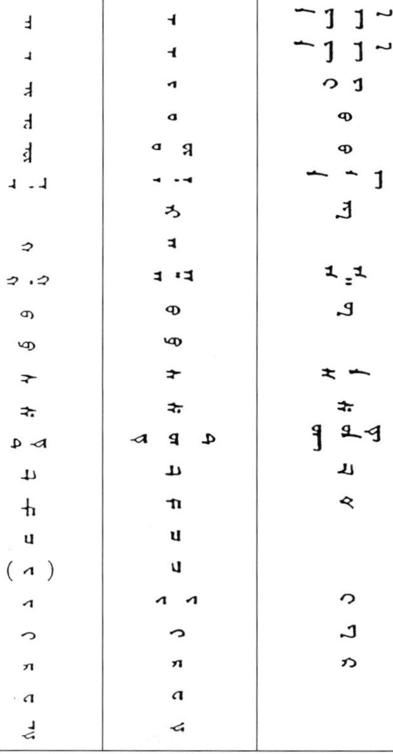

Anfang	Mitte	Ende	Lautschrift
			a
			e
			i
			o, u
			ö, ü
			n
			n, g
			(q > χ)
			(γ) **g**
			w, b, p
			(p)
			s
			sch
			t, d
			l
			m
			tsch
			(j)
			j
			g, k
			r
			w, v
			(h)

Die in dieser Liste in Klammern gesetzten Lautbuchstaben kommen in der Lautschrift des vorliegenden Bandes nicht vor!

Aussprache & Betonung

Das neumongolische Alphabet wird hier durch eine Lautschrift mit lateinischen Buchstaben wiedergegeben. Eine genaue Rekonstruktion der mongolischen Schreibweise aufgrund der lateinischen Lautschrift ist jedoch nicht immer eindeutig möglich, da die Lautschrift teilweise verschiedene Schreibmöglichkeiten offen lässt.

Mongolisches Alphabet

А а **a**	normales „a"; nach **i, dsh** und **tsch** wird es etwas „verschluckt" **awah** (nehmen) **tschamd** (dir) **haana** (Wand)
Б, б **b**	normales „b" wie in „**B**är" **bi** (ich)
В, в **w**	normales „w", wobei die Unterlippe weit vorgeschoben wird **wandan** (Sitzbank)
Г, г **g**	wie ein „g", aber weit hinten im Gaumen gesprochen **gol** (Fluss)
Д, д **d**	normales „d" wie in „**D**ora" **dars** (Wein)
Е, е **je**	wie in „**je**tzt" (kommt meist nur in Fremdwörtern vor) **jerijn** (normal)

Ё, ё **jo**	ausgesprochen mit offenem „o" wie in „**Jo**lle" **jos** (Sitte)
Ж, ж **dsh**	stimmhaft ausgesprochen wie in „**Dsch**ungel" **dshil** (Jahr)
З, з **ds**	stimmhaftes „ds" **dsam** (Weg)
И, и **i**	sehr kurzes „i" wie in „Akaz**i**e" **irgen** (Bürger)
Й, й **j**	sehr schwaches „j" wie in „**J**äger", mehr ein „i", das nur zur Kennzeichnung eines langen „i" oder in Zwielauten auftritt **oj** (Jahrestag) **minij** (mein)
К, к **k**	„k" wie in „**K**ino" **kass** (Kasse)
Л, л **l**	„l" wie in „**l**esen" **mal** (Vieh) **alt** (Gold)
М, м **m**	„m" wie in „**M**und" **mah** (Fleisch)
Н, н **n**	„n" wie in „**N**ummer"; am Wortende wie in „Kla**ng**" **tend** (dort) **sajn** (gut)
О, о **o**	offenes „o" wie in „**O**chse" **ohin** (Mädchen)
Ө, ө **ö**	gestöhntes flaches „ö", das aber mehr zu „o" tendiert **ödör** (Tag)

Viele mongolische Buchstaben weichen in ihrer Aussprache nur unwesentlich vom angegebenen deutschen Laut ab.

Aussprache & Betonung

Bei einigen wenigen Buchstaben sollte man etwas Zeit zum Üben aufbringen, und zwar bei w, u, ü, y, o, ö, h, r *und allen Zischlauten, z. B.* tsch, sch *usw.*

П, п **p**	wie „p" in „**P**olitik" (kommt nur in Fremdwörtern vor) **praktik** (Praxis)
Р, р **r**	gerolltes Zungen-r **ojr** (nah)
С, с **s**	stimmloses „s" wie in „Bu**s**" **sar** (Monat)
Т, т **t**	„t" wie in „**t**euer" **ta** (ihr)
У, у **u**	Aussprache liegt zwischen deutschem „u" und „o" **us** (Wasser)
Ү, ү **ü**	gestöhntes, flaches „ü", etwa zwischen deutschem „u" und „ü" **üne** (Preis)
Ф, ф **f**	„f" wie in „**F**reund" (kommt nur in Fremdwörtern vor) **frants** (Frankreich)
Х, х **h**	ein Kehllaut, im Gaumen zu rollen, stärker als „ch" in „Da**ch**" **hot** (Stadt)
Ц, ц **ts**	stimmloses „ts" wie in „Mü**tz**e" **tsas** (Schnee)
Ч, ч **tsch**	stimmloses „tsch" wie in „Ma**tsch**" **tschi** (du)
Ш, ш **sch**	stimmloses „sch" wie in „**Sch**ule" **schöl** (Suppe)
Щ, щ **schtsch**	stimmlos ausgesprochen, kommt fast nie vor (im Kauderwelsch überhaupt nicht)
Ъ, ъ	Das „Härtezeichen" wird in der Lautschrift nicht wiedergegeben.

Ы, ы **y**	Laut zwischen „i“ und „ü“ **golyn ereg** (Flussufer)
Ь, ь *	Das „Weichheitszeichen“ bewirkt die „weiche“ Aussprache des vorangehenden Mitlauts. **hon*** (Schaf)
Э, э **e**	offenes „e“ wie in „**E**mma“ **emtsch** (Arzt)
Ю, ю **ju**	„ju“ wie in „**Ju**ra“ **juu** (was)
Я, я **ja**	„ja“ wie in „**ja**wohl“ **jal** (Strafe)

Die in der Tabelle mit ö und ü umschriebenen Laute sind die für Ausländer sicher am schwierigsten auszusprechenden Selbstlaute: Ö ist ein u-Laut, in dem ein schwaches „ö“ mitklingt. Falls man den „echten“ mongolischen Laut nicht erreicht, sollte eher ein deutsches „o“ wie in „M**oo**s“ artikuliert werden. Ü ist annähernd ein u-Laut wie in „**u**nten“, dem ein schwaches „ü“ anhängt. Eine Aussprache dieser Laute gleich dem deutschen „ö“ oder „ü“ hätte garantiert zur Folge, dass man nicht verstanden wird.

Selbstlaute

Die Selbstlaute (Vokale) werden generell kurz ausgesprochen, doppelte Selbstlaute werden lang ausgesprochen. Die Länge der Selbstlaute ist sowohl für die Verständlichkeit von Wörtern ausschlaggebend als auch bedeutungsunterschiedend.

hana	Wand	**haana?**	wo?
üd	Mittag	**üüd**	Tür
hol	weit	**hool**	Speise

Hat man beim letzten Beispiel (hol) noch o und ö falsch angewandt, heißt es plötzlich höl (Bein). Das Verständnisproblem ist dann perfekt! Deshalb sollte von Anfang an auf die richtige Länge der Selbstlaute und die Anwendung der richtigen Gruppe von Selbstlauten geachtet werden.

Kurze Selbstlaute werden nur in der ersten Silbe deutlich hervorgehoben und in der folgenden Silbe weitgehend vernachlässigt. Am Wortende, also als letzter Buchstabe, werden kurze Selbstlaute in der Regel nicht gesprochen! Baga (klein) wird also nur „bag" ausgesprochen. Lange Selbstlaute am Wortende bleiben dagegen erhalten.

Für bajrlalaa (danke) muss die Aussprache somit lauten:

erste Silbe	**bajr-**	deutlich hervorheben
zweite Silbe	**-la-**	vernachlässigen
letzte Silbe	**-laa**	langer Selbstlaut

... also „bajrlaa", wobei das „r" gerollt wird.

Zwielaute

Die Zwielaute (Diphtonge) aj, oj, uj, üj, ua, uaj, ia, iu und ej werden beim Sprechen zusammengezogen. Uaj kommt nur am Wortende vor und wird dann etwa wie ein kurzes deutsche „ä“ ausgesprochen. Aj und ej am Wortende ähneln dagegen mehr einem langen deutschen „ä“. Die anderen Zwielaute werden annähernd so ausgesprochen, wie man es vom Deutschen her kennt.

Betonung

In der Regel wird die erste Silbe leicht betont. Voraussetzung dafür ist, dass in der folgenden Silbe keine langen Selbstlaute vorkommen, da lange Selbstlaute immer etwas betont werden. Stehen in einem Wort zwei Silben mit langen Selbstlauten, so wird die erste dieser langen Silben betont. Zwielaute werden wie lange Selbstlaute betrachtet, d. h. auch sie werden immer leicht betont.

Satzmelodie

Die Frage nach der Satzmelodie mongolischer Sätze beschäftigt die Wissenschaftler schon länger und ist bisher nicht eindeutig geklärt. Man sollte versuchen, die Stimme weitgehend in nur einer Tonlage zu halten. Dies gilt auch für Fragesätze.

Gesetz der Vokalharmonie

Die mongolischen Selbstlaute werden in drei Gruppen eingeteilt:

hintere Reihe:	**a, o** und **u**
vordere Reihe:	**e, ö** und **ü**
das neutrale	**i**

Das Gesetz der Vokalharmonie ist eine Art der Lautharmonie. Es besagt, dass in einem mongolischen Wort nur Selbstlaute vorkommen, die derselben „Reihe" angehören. Diese Regel gilt auch für die langen Selbstlaute, die durch Doppelbuchstaben wiedergegeben werden (aa, uu, oo, üü, öö, ee). Das **i** nimmt dabei eine Sonderstellung ein: Es kann mit beiden Reihen harmonieren und daher in Wörtern stehen, deren Selbstlaute (Vokale) der hinteren Reihe oder der vorderen Reihe angehören!

hintere Reihe	
anhaaral	Achtung
ordon	Palast
ortschuulagtsch	Dolmetscher
vordere Reihe	
erdemten	Wissenschaftler
ölgüür	Kleiderständer
ünemleh	Ausweis
neutrales i	
adshil	Arbeit
hitscheel	Unterricht

Als Faustregel sollte man sich merken, dass Selbstlaute, die in der ersten Wortsilbe auftreten, auch in der zweiten Wortsilbe folgen. Die Wahl der Wortendung (Selbstlaut/Zwielaut in der Endsilbe) richtet sich ebenfalls meist nach diesem Grundsatz. Ein y in der letzten Silbe eines Wortes der hinteren Reihe entspricht dem i-Laut. In Wortendungen der vorderen Reihe kann ein doppelter i-Laut in Form von ij auftreten.

Zu diesen bisher genannten Regeln der Vokalharmonie gibt es jedoch eine Reihe von Ausnahmen, die geringfügige Nuancen darstellen und daher hier unberücksichtigt bleiben. Wenn das Gesetz der Vokalharmonie beachtet werden muss, wird darauf an entsprechender Stelle mit „Vok!" hingewiesen.

Natürlich gibt es noch weitere Dutzend Regeln und vor allem Ausnahmen. Sie hier wegzulassen, scheint ein gangbarer Kompromiss, da Ausländer weitgehend auch ohne diese „Feinheiten" verstanden werden. Will man sich jedoch noch genauer mit Mongolisch beschäftigen, so sollte man vor allem der Vokalharmonie besondere Aufmerksamkeit schenken.

Sicher wird es auch kein Mongole ausschlagen, die nicht immer einfache Aussprache mit einem lernbegierigen Ausländer zu üben. Der Spass ist dabei auf beiden Seiten garantiert!

Wörter, die weiterhelfen

In der Fremde sind es oftmals nur einige wenige Schlüsselwörter, die es einem gestatten, verschiedene Situationen zu meistern. Für die Mongolei trifft dies für die folgenden Ausdrücke zu. Anstelle der Auslassungspunke kann ein entsprechender Begriff aus den Wörterlisten ergänzt werden, ohne diesen zu verändern.

... bajna uu? (Haben Sie ...? Gibt es ...?)

Das, wonach gefragt wird, steht am Wortanfang; uu ist eine Fragepartikel, die nicht wörtlich übersetzt werden kann. In der Wort-für-Wort-Übersetzung steht dafür die Abkürzung „FP“:

Schine sonin bajna uu? *neue Zeitungen ist FP*	Haben Sie neue Zeitungen?
Bendsin bajna uu? *Benzin ist FP*	Gibt es Benzin?
Enebold bajna uu? *Enebold ist FP*	Ist Enebold da?

talh	Brot	**süü**	Milch
dshims	Obst	**tsaj**	Tee

... bajna.
Ja, wir haben ...
(bajna sprich: „*bajnaa*“)

Bajhgüj.
Nein, haben wir nicht.

... haa bajna? (Wo ist ...)

Das, wonach gefragt wird, steht wieder am Wortanfang:

Dsotschid buudal haa bajna? *Gäste Station wo ist*	Wo ist ein Hotel?
Restoran haa bajna? *Restaurant wo ist*	Wo ist ein Restaurant?
Emneleg haa bajna? *Krankenhaus wo ist*	Wo ist ein Krankenhaus?

tömör dsamyn buudal *Eisen Weg-2 Station*	Bahnhof
bank	Bank (finanz.)
eltschin sajdyn jam *Botschafter-2 Ministerium*	Botschaft
niseh ongotsny buudal *fliegen Trog-2 Station*	Flughafen
delgüür	Geschäft, Laden
tsagdaa	Polizei
schuudangijn gadsar	Post
utas	Telefon

dsüün gar tald *linke Hand Seite-3*	links
baruun gar tald *rechte Hand Seite-3*	rechts
tschigeeree	geradeaus
uragschaa – hojsch	vorwärts – zurück
dsogs!	halt!

Um nicht ausschließlich auf Gesten angewiesen zu sein, sollten Sie sich auch Richtungshinweise einprägen.

Wörter, die weiterhelfen

... jamar ünetej we? (Wie viel kostet ...?)

Ene jamar ünetej we? *dies was-für Preis-7 FP*	Wie viel kostet das?
Biljet jamar ünetej we? *Fahrkarte was-für Preis-7 FP*	Wie viel kostet die Fahrkarte?

Bi ... gesen jum. / Bi ... hüstsch bajna. (Ich möchte / will ...)

Im Mongolischen unterscheidet man ziemlich deutlich zwischen Wunsch, abgeschwächter und stärkerer Bitte, Aufforderung und Verlangen (vgl. a. Kap. „Auffordern & Befehlen).

etwas haben wollen

Bi ... awah gesen jum.
ich ... nehmen wollen P
Ich möchte ... haben.

etwas stärker erbitten

Bi ... idehijg hüstsch bajna.
ich ... essen-4 mögen bin
Ich will ... essen.

Bi utsaap jarihyg hüstsch bajna.
ich Telefon-6 sprechen-4 mögen bin
Ich will telefonieren.

sich etwas wünschen, eine Absicht haben

Bi ... uumaar / idmeer bajna.
ich ... trinken-wollen / essen-wollen bin
Ich möchte ... trinken / essen.

danken, bitten, grüßen

Bajrlalaa! / Dsa!	Danke! / Ja, danke!
Dsügeer!	Bitte! (Antwort auf „Danke!")
Sajn bajna uu?	Guten Tag!
Bajartaj!	Auf Wiedersehen!

Bajrlalaa! *(Danke!) wird wie „bajrlaa" ausgesprochen.*

Hauptwörter

Im Mongolischen gibt es nicht wie im Deutschen die grammatischen Geschlechter „männlich", „weiblich" oder „sächlich". Es gibt auch keine unbestimmten oder bestimmten Artikel („ein, eine" bzw. „der, die, das").

Einzahl & Mehrzahl

Mongolische Hauptwörter werden immer in der Einzahl (Singular) verwendet, wenn der Sinnzusammenhang eindeutig ist:

üs	Haar	(statt: Haare)
schud	Zahn	(statt: Zähne)
gar	Hand	(statt: Hände)

Dies trifft u. a. auch für bestimmte oder unbestimmte Mengenangaben zu:

arwan mod	*zehn Baum*	(statt: zehn Bäume)
olon nom	*viel Buch*	(statt: viele Bücher)

Ist die Mehrzahl-Angabe zum Verständnis unbedingt nötig, kann die Mehrzahl von „vernunftbegabten Lebewesen" gebildet werden, indem nar (in der Wort-für-Wort-Übersetzung steht dafür im folgenden „Mz") dem Hauptwort nachgestellt wird; nar unterliegt nicht der Vokalharmonie, verändert also nie seine Gestalt:

bagsch	Lehrer	**bagsch nar**	Lehrer (Mz)
najds	Freund	**najds nar**	Freunde
düü	jüngerer Bruder	**düü nar**	jüngere Brüder

Wenn das Wort allerdings auf -l, -n, -r oder auf einen Zwielaut endet, wird für die Mehrzahl -d an das Hauptwort gehängt. Dabei entfällt das -l, -n, -r oder der Zwielaut. Ganz selten ist die Mehrzahlbildung durch Anfügen von -s.

maltschin	**> maltschid**	Viehzüchter
tüschmel	**> tüschmed**	Beamte
adshiltschin	**> adschiltschid**	Arbeiter
nohoj	**> nohod**	Hunde
ner	**> ners**	Namen

In der Umgangssprache wird die Mehrzahl bei Gegenständen (aber auch bei Lebewesen) immer häufiger durch Anfügen der Endung -uud (für Wörter der hinteren Reihe, Vok!)

oder -üüd (für Wörter der vorderen Reihe) gebildet. Bei vernunftbegabten Lebewesen lautet die Endung -tschuud (hintere Reihe!) bzw. -tschüüd (vordere Reihe!). Diese Mehrzahlendung beinhaltet dann einen kollektiven Zusammenhang:

ujldwer	Fabrik
ujldwerüüd	Fabriken
dsaluu	Junge
dsaluutschuud	Jugendliche
uul	Berg
uulnuud	Berge
mongol hün *mongolisch Mensch*	Mongole
mongoltschuud	Mongolen

Das -n- in uulnuud *stammt aus dem altmongolischen Wortstamm, der an dieser Stelle wieder auftaucht.*

zusammengesetzte Hauptwörter

Neue Hauptwörter können aus verschiedenen Wortarten zusammengesetzt und gebildet werden: aus zwei Hauptwörtern, aus Eigenschaftswort + Hauptwort, aus Verb + Hauptwort sowie aus einer Konstruktion mehrerer Verben. Das Bestimmungswort, das den Grundbegriff näher beschreibt, steht dabei immer vor diesem. Werden zwei Hauptwörter zusammengesetzt, steht das erste (das Bestimmungswort) meistens im 2. Fall (Genitiv):

hünsnij baraa
Mensch-2 Ware
Lebensmittel

nüdnij schil
Augen-2 Glas
Brille

Das Eigenschaftswort als Bestimmungswort steht vor dem zusammengesetzten Hauptwort meist ungebeugt:

deed surguul*	**ih delgüür**
hoch Schule	*groß Geschäft*
Hochschule	Kaufhaus

Manchmal werden Hauptwörter wie folgt umschrieben:

schindshleh uhaan
forschend-seien(-der) Verstand
Wissenschaft

unaagaar hotoor jawdsh üdseh
Fahrzeug-6(mit) Stadt-6(durch) fahren(-d) sehen
Stadtrundfahrt

Dieses & Jenes

Im weiten Land der Steppen, Berge und Täler kann es schon wichtig sein, die räumliche Lage eines Objektes präziser zu beschreiben.

ene	dies, diese(r, -s)	**ter**	jene(r, -s)
ed	diese (Mz)	**ted**	jene (Mz)

Ene steht generell für etwas, das in der näheren Umgebung ist; ter verweist immer auf einen

Abstand zum Sprecher. Als Eigenschaftswörter stehen sie vor dem Hauptwort, das sie näher beschreiben, und sind immer unveränderlich:

ene gol	**ter uul**
dieser Fluss	*jener Berg*
dieser Fluss (hier)	jene Berge (dort)

Die hinweisenden Fürwörter ene und ter können im Satz nicht nur als Eigenschaftswörter verwendet werden, sondern auch selbständig, also als Subjekt (Satzgegenstand):

Ene boow bajna.	**Ter gol bajna.**
dies Gebäck ist	*jenes Fluss ist*
Das/dies ist Gebäck.	Jenes (dort) ist ein Fluss.

Als Übersetzungen sind auch möglich: „Das Gebäck ist da." und „Der Fluss ist dort." Soll jeweils die zweite dieser Übersetzungsmöglichkeiten ausgeschlossen werden (ene bzw. ter sind also Subjekt), steht nach ene bzw. ter ein Bindestrich oder die Partikel bol. Bol kann nicht übersetzt werden, da es keine eigene Bedeutung hat. (In der Wort-für-Wort-Übersetzung steht an dieser Stelle „P" als Abkürzung für „Partikel".) Der Bindestrich, der eigentlich nur eine Sprechpause andeutet, und auch bol dienen also nur dazu, Missverständnisse bei der Interpretation auszuschließen!

In Fragesätzen, die ene *oder* ter *enthalten, wird die Partikel* bol *gewöhnlich nicht verwendet.*

Ene – boow bajna.
dies – Gebäck ist
Das/dies ist Gebäck.

Ene bol boow bajna.
dies P Gebäck ist
Das/dies ist Gebäck.

Ene – nom uu?
dies – Buch FP
Ist das/dies ein Buch?

Ter bajschin tom uu?
jenes Haus groß FP
Ist jenes Haus groß?

Hier & Dort

Im täglichen Sprachgebrauch kommen immer wieder folgende Ortsbestimmungen vor:

end – tend	hier – dort
end tend	hier und dort
endees – tendees	von hier – von dort
naasch, naaschaa	hierher
tend, tijsch n*	dorthin
naasch tsaasch	hin und her

„Dorthin" und „hin" im Sinne von „sich in Richtung auf" bewegen, wird durch den Richtungsanzeiger ruu bzw. rüü (etwa: „nach, zu") ausgedrückt, der nach der entsprechenden Ortsangabe steht. Ruu folgt immer nach a, o, u (hintere Reihe) und rüü nach e, ü, ö (vordere Reihe). Endet die Ortsangabe jedoch auf -r, verwandelt sich der Richtungsanzeiger in luu (hintere Reihe) oder lüü (vordere Reihe).

Der Richtungsanzeiger ruu/rüü *unterliegt der Vokalharmonie.*

töw rüü
Zentrum nach
zum Stadtzentrum

bajschin ruu
Haus nach
zum Haus

Persönliche Fürwörter

Das Mongolische kennt kein selbständiges Fürwort für die 3. Person (er, sie, es). Stattdessen werden die hinweisenden Fürwörter ene (diese/-r/-s) und ter (jene/-r/-s) bzw. in der Mehrzahl ed (diese) und ted (jene) verwendet.

Einzahl		Mehrzahl	
bi	ich	**bid (nar)**	wir
tschi	du	**ta (nar)**	ihr; Sie (höfl.)
ene	diese(r, -s)	**ed (nar)**	diese
ter	jene(r, -s)	**ted (nar)**	jene

In der Umgangssprache werden die in dieser Tabelle aufgeführten Mehrzahlformen mit dem Zusatz nar häufiger verwendet. Als Höflichkeitsform wird ta (ihr; Sie) verwendet.

Die Fälle

So einfach das Kapitel der Hauptwörter bis jetzt war, wird es jetzt etwas schwieriger. Die mongolische Sprache unterscheidet nämlich sieben Fälle: 1. Nominativ (Werfall), 2. Genitiv (Wesfall), 3. Dativ (Wemfall) bzw. Lokativ, 4. Akkusativ (Wenfall), 5. Ablativ, 6. Instrumental und 7. Komitativ.

Die Fälle

In der folgenden Tabelle sind die unterschiedlichen Endungen dieser Fälle aufgeführt. Sie werden an das zu beugende Wort angehängt.

Die angegebenen Fragewörter und Erklärungen verdeutlichen, wann im Mongolischen welcher Fall verwendet wird.

Entsprechend dem Gesetz der Vokalharmonie gibt es, wie bereits bekannt, für jeden

1. So stehen Hauptwörter in den Wörterlisten; ist neutral.	
–	(keine Endung)
2. bezeichnet die Herkunft; Frage: wessen?	
-y, -yn, -ijn	(hintere Reihe)
-ij	(vordere Reihe)
-n	(nach Zwielauten)
-gijn	(nach langen Selbstlauten)
3. bezeichnet das „Geben", eine Richtungs- oder Ortsangabe; Fragen: wem?, bei wem?, wobei?, wo?, wohin?, wann?	
-ad/od/ud/ed	(nach **d, ds, t, ts**)
-id	(nach **sch, dsh, tsch, ***)
-t	(nach **g, r, s, w**)
-d	(in allen anderen Fällen)
4. siehe Erläuterung im Text auf S. 40, Fragen: wen?, was?	
-g	(nach Zwie- od. langen Selbstlauten)
-ijg	(hintere Reihe; nach Zischlauten; nach **i, g, ***; nach vorderer Reihe, sofern die letzte Silbe nicht ein Selbst- od. Zischlaut ist)
-yg	(hintere Reihe, sofern die Wörter nicht auf **i, g, *,** langen Zwie- od. Zischlauten enden)

Fall jeweils mehrere Endungen. Die richtige Endung wählt man nach den Selbstlauten des Wortstamms aus; also bei Wörtern der hinteren Reihe a, o, u oder aber bei der vorderen Reihe e, ö, ü. Sind in der Tabelle Fallendungen ohne Erläuterungen aufgeführt, gilt, dass diese Endungen nach allen Selbst-, Zwie- oder Mitlauten, die bis dahin für diesen Fall nicht genannt wurden, folgen.

5. drückt Abstand aus; Fragen: woher?, von wem?, wovon?, seit wann?	
-aas, -oos, **-ees, -öös**	(nach kurzen Selbst- oder allen Mitlauten)
-gaas, -goos **-gees, -göös**	(nach langen Zwie- od. Selbstlauten sowie nach **n** und **g**)
-ias, -ios	(nach **i** und *)
6. bezeichnet a) das Mittel zur Durchführung einer Handlung, b) Weg oder Ort einer Handlung, c) Zeitdauer einer Handlung; Fragen: wo entlang?, wodurch?, durch wen?, womit?, mit wessen Hilfe?	
-aar, -oor, **-eer, -öör**	(nach kurzen Selbst- oder allen Mitlauten)
-gaar, -goor, **-geer, -göör**	(nach langen Zwie- od. Selbstlauten sowie nach **n** und **g**)
-iar, -ior	(nach **i** und *)
7. kennzeichnet die Zugehörigkeit einer Sache oder Person; Fragen: mit wem?, womit?	
-taj, -toj, -tej	

Zum 4. Fall (Akkusativ) sei außerdem Folgendes gesagt: Eine Akkusativendung wird nicht an jede Satzergänzung (Objekt) angehängt. Eine Regel, wann diese Endungen verwendet werden, gibt es nicht. Oftmals wird jedoch dort die Endung weggelassen, wo man im Deutschen den unbestimmten Artikel (ein, eine, eines) verwendet. Bei Personenbezeichnungen, Zahlwörtern oder Eigenschaftswörtern, die als Satzergänzung verwendet werden, ist jedoch die Akkusativendung zu gebrauchen.

Um in der Wort-für-Wort-Übersetzung den verwendeten Fall eindeutig zu kennzeichnen, wird an das Wort die entsprechende „Nummer" des Falles mit Bindestrich angehängt, z. B. „-7" für den 7. Fall (Komitativ), „-2" für den 2. Fall (Genitiv).

Eigenschaftswörter

Eigenschaftswörter können direkt aus der Wörterliste entnommen und unverändert eingefügt werden. Eigenschaftswörter stehen immer vor den Hauptwörtern, die sie näher beschreiben:

tom ger
groß Jurte
eine große Jurte

hol dsam
weit Weg
ein weiter Weg

Ger bol tom bajna.
Jurte P groß ist
Die Jurte ist groß.

Dsam – hol bajna.
Weg – weit ist
Der Weg ist weit.

Tany buruu.
Ihr-2 falsch
Sie irren sich.

Eigenschaftswörter können auch unverändert als Satzergänzung (Objekt) verwendet werden.

Eine Anzahl von Eigenschaftswörtern wird durch das Hauptwort mit der Fallendung -taj bzw. -tej für den 7. Fall (Gesetz der Vokalharmonie!) gebildet. Wird diese Endung weggelassen, erhält man meist das zugrundeliegende Hauptwort:

haalttaj
Sperre-7
geschlossen

neelttej
Öffnung-7
geöffnet

amttaj
Geschmack-7
schmackhaft

Fügt man die Verneinungsendung -güj (etwa: „ohne, nicht, kein") an, verwandeln sich viele Hauptwörter zu Eigenschaftswörtern mit negativer Aussage, z. B.:

amdshiltgüj
Erfolg-ohne
erfolglos

hereggüj
Notwendigkeit-ohne
unnötig

amtgüj
Geschmack-ohne
geschmacklos

wichtige Eigenschaftswörter

sajn	gut	**muu**	schlecht
tom	groß	**baga**	klein
ünetej	teuer	**hjamdhan**	billig
schine	neu	**huutschin**	alt
olon	viel	**dshaahan**	wenig
hütschtej	stark	**sul**	schwach
nastaj	alt	**dsaluu**	jung
öndör	hoch	**namhan**	niedrig
hol	fern	**ojrhon**	nah
hünd	schwer	**höngön**	leicht
hetsüü	schwierig	**amarhan**	einfach

Farben

tsagaan	weiß	**höh**	blau
schar	gelb	**nogoon**	grün
ulbar schar	orange	**hüren**	braun
ulaan	rot	**har**	schwarz
höh jagaan	lila		

Steigern & Vergleichen

Die Aussage von Eigenschaftswörtern kann abgeschwächt oder verstärkt werden.

Verkleinerungsform

Zur Bildung von Verkleinerungs- oder Zärtlichkeitsformen hängt man die Endung -han an das Eigenschaftswort an. Oftmals verschiebt sich durch diese Endung auch die Bedeutung ein wenig. Achtung: Die Nachsilbe richtet sich nach dem Gesetz der Vokalharmonie:

sajn	gut	**sajhan**	schön
tsöön	wenig	**tsööhön**	nur/sehr wenig
baga	klein	**bagahan**	„ziemlich" klein
odoo	gleich	**odoohon**	sofort

steigern

Vergrößerungen werden durch Voranstellen von ih (etwa: „groß, viel" u. ä. Bedeutungen) oder (als weitere Steigerung) durch Voranstellen von masch ih (etwa: „sehr groß, sehr viel, äußerst" u. ä.) gebildet.

bogino	kurz	**ih bogino**	sehr kurz
dsöw	richtig	**masch ih dsöw**	sehr richtig
ünetej	teuer	**aigüj ünetej**	sehr teuer
muu	schlecht	**ih muu**	sehr schlecht

Umgangssprachlich hört man von Jugendlichen und Frauen immer öfter als Steigerungsform ajgüj, was soviel wie „unheimlich, unpassend" bedeutet.

Eine weitere „höhere" Steigerungsform kann man bilden, indem -aas an ein Eigenschaftswort angefügt und dieses Eigenschaftswort dann in seiner Grundform wiederholt wird.

sajhnaas sajhan
schöner-5 schön
wunderschön, am schönsten

amaraas amarhan
einfach-5 einfach
am einfachsten

Martha bol masch ih uhaantaj bajna.
Martha P äußerst Verstand-7 ist
Martha ist sehr, sehr klug.

Enhtuja bol tomoos tom bajna.
Enhtuja P groß-5 groß ist
Enhtuja ist unheimlich groß.

kleiner als, größer als

Formuliert man durch den Vergleich einen Unterschied, wird die Endung -aas (Vok!) benötigt. Das Wort, zu dem etwas „kleiner" oder „größer" ist, steht dabei vor dem Wort, mit dem verglichen wird. Letzteres erhält die Endung -aas (für den 5. Fall). Dann folgt das Eigenschaftswort bzw. Objekt, das den Inhalt des Vergleichs angibt:

Bi Tanaas guraw düü.
ich Ihr-5 drei (jüngerer-)Bruder
Ich bin drei Jahre jünger als Sie.

Ulaanbaatar Berlinees baga.
Ulaanbaatar Berlin-5 klein
Ulaanbaatar (oder: Ulan-Bator) ist kleiner als Berlin.

Ene nom ter nomoos tom.
dies Buch jenes Buch-5 groß
Dieses Buch (hier) ist größer als jenes Buch (dort).

genauso wie

Für „genauso wie" verwendet man jag (genau) oder jag adilhan (genau gleich). Wird das Gleichnis durch zwei Hauptwörter ausgedrückt, muss dem an zweiter Stelle genannten Hauptwort noch die Endung -taj (7. Fall, Vok!) angefügt werden.

Ene maschin ter maschintaj jag adilhan.
dieses Auto jenes Auto-7 genau gleich
Dieses Auto ist gleich jenem Auto.

Einfacher und etwas eleganter ist es jedoch, dem Hauptwort eine Zahl voranzustellen:

Ter hojor maschin jag adilhan.
jene zwei Auto genau gleich
Jene zwei Autos sind genau gleich.

Wessen, Wem, Wen?

Für diejenigen, die es noch genauer wissen wollen, stehen in der folgenden Tabelle die persönlichen Fürwörter, wie sie in den sieben Fällen gebeugt werden. Die Fälle werden im Kapitel „Die Fälle“ erklärt! Zur Erinnerung: Für die 3. Person Ez („er, sie, es“) sowie 3. Person Mz („sie“) gibt es kein eigenständiges persönliches Fürwort. Stattdessen werden **ene** (dieser, Ez) und **ter** (jener, Ez) bzw. **ed** (diese, Mz) und **ted** (jene, Mz) verwendet. In der folgenden Tabelle sind diese hinweisenden Fürwörter wie ein normales persönliches Fürwort übersetzt.

	Einzahl		
1. Nominativ	**bi** ich	**tschi** du	**ene; ter** er, sie, es
2. Genitiv	**minij** mein	**tschinij** dein	**üünij; tüünij** sein, ihr
3. Dativ, Lokativ	**nad(ad)** mir	**tschamd** dir	**üünd; tüünd** ihm, ihr
4. Akkusativ	**namajg** mich	**tschamajg** dich	**üünijg; tüünijg** ihn, sie
5. Ablativ	**nadaas** von mir	**tschamaas** von dir	**üünees; tüünees** von ihm/ihr
6. Instrumental	**nadaar** durch mich	**tschamaar** durch dich	**üügeer; tüügeer** durch ihn/sie
7. Komitativ	**nadtaj** mit mir	**tschamtaj** mit dir	**üüntej; tüüntej** mit ihm/ihr

Mehrzahl			
bid wir	**ta** ihr / Sie	**ed; ted** diese; jene	*1. Nominativ*
bidnij/ manaj unser	**tany/ tanaj** euer/Ihr	**ednij; tednij** dieser; jener	*2. Genitiv*
bidend uns	**tand** euch/Ihnen	**edend; tedend** diesen; jenen	*3. Dativ, Lokativ*
bidnijg uns	**tanyg** euch/Sie	**ednijg; tednijg** diesen; jenen	*4. Akkusativ*
bidnees von uns	**tanaas** von euch/ von Ihnen	**ednees; tednees** von diesen; jenen	*5. Ablativ*
bidneer durch uns	**tanaar** durch euch/ durch Sie	**edneer; tedneer** durch diese; jene	*6. Instrumental*
bidentej mit uns	**tantaj** mit euch/ mit Ihnen	**edentej; tedentej** mit diesen; jenen	*7. Komitativ*

Die im 2. Fall (Genitiv) gebeugten persönlichen Fürwörter sind gleichzeitig die besitzanzeigenden Fürwörter!

Persönliche Fürwörter in der Mehrzahl

Eine zweite, umgangssprachlich sehr gebräuchliche Möglichkeit, die Mehrzahl der persönlichen Fürwörter zu bilden, ist die Kombination mit nar. Dabei stellt man bid (wir), ta (ihr) bzw. ed/ted (diese/jene) dem Mehrzahlanzeiger nar voran; nar muss dann allerdings gebeugt werden:

bid / ta / (t)ed + ...		
1. Fall	**nar**	wir/ihr/sie
2. Fall	**naryn/narij**	unser/euer/ihr
3. Fall	**nart**	uns/euch/ihnen
4. Fall	**naryg**	uns/euch/sie
5. Fall	**naraas**	von uns/euch/ihnen
6. Fall	**naraar**	durch uns/euch/sie
7. Fall	**nartaj**	mit uns/euch/ihnen

Beachten Sie: Im 2. Fall wird ta und ted mit narij kombiniert, bid und ed hingegen mit naryn!

Tätigkeitswörter

Der wichtigste Baustein in einem mongolischen Satz ist das Verb. Es kann sich durch Endungen vielfach verändern, so z. B. in den Zeitebenen, oder es verdeutlicht durch Endungen eine tatsächlich stattfindene (Zeitpunkt egal!), wahrscheinliche, plötzliche, andauernde bzw. im Moment seiende Handlung. Ein Verb kann dazu noch mittels anderer Endungsvarianten Grobheit, Höflichkeit oder aber „Befehle“ beinhalten.

Durch die Möglichkeit, Konstruktionen mit Hilfsverben, Hauptwörtern, Eigenschaftswörtern und weiteren Wortgruppen einzugehen, können Verben auch als Element neuer Wortzusammensetzungen erscheinen.

Grundform (Infinitiv)

Der Kauderwelsch „Mongolisch" konzentriert sich aus Gründen der Übersichtlichkeit auf die wichtigsten Möglichkeiten zum Gebrauch der mongolischen Verben. Vor allem an dieser Stelle gilt, dass der Mongolisch-Fan zur Spezialliteratur greifen sollte.

Die mongolischen Verben bestehen aus einem Stamm und Endungen, die u. a. etwas über die Zeitebene oder besser über das Zeitverhältnis aussagen. Die Endungen folgen dem Gesetz der Vokalharmonie: Je nachdem, welchen Selbstlaut der Stamm des Verbs enthält, verändert sich der Selbstlaut der Endungen.

Eine Beugung wie im Deutschen (ich gehe, du gehst) gibt es im Mongolischen nicht. Die Verben werden in den Wörterlisten nur mit ihrem Stamm aufgeführt, z. B.:

jaw-	fahren	**hariul-**	antworten
or-	eintreten	**ir-**	ankommen
hel-	sagen	**asuu-**	fragen

Gegenwart > Zukunft

-ah, -oh, eh, öh	Vok!
-ih	nach Selbst-/Zischlauten

Die Handlung findet in der Zukunft statt oder soll in der Zukunft stattfinden.

Maschin hedsee ireh we?
Auto wann kommen(-wird) FP
Wann kommt das Auto?

Bi medehgüj.
ich wissen(-werden)-nicht
Ich weiß nicht.
(jetzt nicht und auch nicht in naher Zukunft)

Bi dsotschid buudald otschih uu?
ich Gäste Station-3 kommen FP
Soll ich ins Hotel kommen?

Zukunft > Gegenwart

-na, -no, -ne, -nö	Vok!

Die Tätigkeit vollzieht sich in der Zukunft. Diese Konstruktion wird auch benutzt, um eine Handlung in der Gegenwart zu kennzeichnen, wenn nicht unbedingt hervorzuheben ist, dass sie im Moment des Sprechens stattfindet.

Tuja tend jawna.
Tuja dort geht
Dort geht Tuja.

Bi margaasch irne.
ich morgen komme
Ich komme morgen.

Vergangenheit > Gegenwart

-aa, -oo, -ee, -öö	Vok!
-gaa, -goo, -gee, -göö	nach langen Selbst- oder Zischlauten

Diese Zeitform beschreibt einen Vorgang, der in der Vergangenheit begonnen hat und in der Gegenwart noch andauert. Die Verneinung mit -güj (nicht) kennzeichnet eine Handlung, die noch nicht stattfand.

Bi germand suudsh bajgaa.
ich Deutschland-3 wohnen(-d) bin
Ich wohne in Deutschland.

Niseh ongots ireegüj.
Flugzeug gekommen-nicht
Das Flugzeug ist noch nicht gekommen.

nahe Vergangenheit

-aw, -ow, -ew, -öw	Vok!
-iw	nach Zischlauten
-w	nach langen Selbstlauten

In der Umgangssprache verwendet man diese Konstruktion, um eine abgeschlossene Handlung zu bezeichnen, die jedoch noch nicht so lange zurückliegt. Auch gilt diese Vergangenheitsform als Erzählzeit.

Bagsch ötschigdör hot ruu jawaw.
Lehrer gestern Stadt nach gegangen
Der Lehrer ist gestern in die Stadt gegangen.

Zezeg, tschi ötschigdör Ganboldyg üdsew üü?
Zezeg, du gestern Ganbold-4 gesehen FP
Zezeg, hast du gestern Ganbold gesehen?

abgeschlossene Vergangenheit

-san, -son, -sen, -sön	Vok!

Die Handlung ist in der Vergangenheit abgeschlossen, liegt aber schon etwas länger zurück. In der Umgangssprache wird diese Konstruktion bevorzugt.

Tschi jawsan.
du gegangen
Du bist gegangen.

Bi medsen(güj).
ich gewusst(-nicht)
Ich habe es (nicht) gewusst.

Ene hün irsen.
dieser Mann gekommen
Er ist gekommen.

Bid nar biljet awsan.
wir Mz Fahrkarte gekauft
Wir haben die Fahrkarten gekauft.

Vergangenheit (Absicht)

-laa, -loo, -lee, löö Vok!

Auch diese Endung kennzeichnet eine Handlung, die in der Vergangenheit abgeschlossen wurde. Sie steht meistens in Antworten auf Fragen, deren Verben auf -aw (Vok!) enden. Gebräuchlich ist diese Form jedoch auch, um einer Absicht Ausdruck zu verleihen:

Dsa, bi jawlaa.
ja, ich gegangen(-schon)
Ja also, ich gehe jetzt.
(im Sinne von: Ich bin schon weg!)

Dsa, tsag bolloo.
ja, Zeit geworden(-schon)
Ja also, es wird Zeit.
(im Sinne: Es ist Zeit zu gehen!)

Vergangenheit (plötzlich/allgemeingültig)

-dshee	
-tschee	(nach **w, r, s**)

Hiermit wird häufig eine Tätigkeit in der Vergangenheit bezeichnet, die sich plötzlich und unerwartet ereignete. Eine zweite Anwendungsmöglichkeit ist, eine allgemein bekannte oder allgemeingültige Tatsache zu formulieren, die in der Vergangenheit abgeschlossen ist.

Minij tsag dsogsdshee.
ich-2 Uhr stehen-geblieben(-plötzlich)
Meine Uhr ist (plötzlich) stehengeblieben.

Üd boldshee.
Mittag geworden(-plötzlich)
Es ist Mittag (geworden).

Gleichzeitigkeit

-dsh	
-tsch	(nach **w, g, r**)

Diese Endungen sind wichtig, um einen Haupt- und Nebensatz mit zwei gleichzeitig ablaufenden Handlungen zu verbinden.

Boroo ordsh sajhan nogoon bolson.
Regen kommen(-d) schön grün geworden
Als es regnete, wurde es schön grün.
(oder:) Es regnete, und es wurde schön grün.

Oftmals werden diese Endungen auch verwendet, um das folgende Verb näher zu bestimmen:

Bi irdsh üdsne.
ich sehen(-d) kommen
Ich werde sehen, dass ich komme.
(oder:) Ich versuche zu kommen.

Diese Liste zeigt weitere übliche Verbkombinationen.

ojrtodsh irne *nähern(-d) kommen*	näher kommen
idedsh ehleh *essen(-d) beginnen*	beginnen zu essen
bitschidsh duusah *schreiben(-d) aufhören*	aufhören zu schreiben
untadsh hewteh *schlafen(-d) liegen*	schlafen
heldsh ögnö *sagen(-d) geben*	jmd. (etwas) sagen
uudsh orhih *trinken(-d) aufhören*	zu Ende trinken
irdsh üdsne *kommen(-d) sehen*	zu kommen versuchen

Vorzeitigkeit/andauernde Handlung

In der Umgangssprache überwiegt der Gebrauch der folgenden Konstruktion, um einen sich ständig wiederholenden Vorgang zu kennzeichnen. Die Zeitebene, in der sich die Handlung abspielt, wird durch die Zeitform des nachfolgenden Hilfsverbs bestimmt.

-aad, -ood, -eed, ööd	Vok!
-gaad, -good, -geed, -gödd	nach Selbst- od. Zischlaut
-iad	nach **i** und *

Enebat ene homyg unschaad bajsan.
Enebat dieses Buch-4 gelesen(-oftmals) war
Enebat hat dieses Buch immer und immer wieder gelesen.

Angewandt wird diese Form aber auch, um die Vorzeitigkeit einer Handlung vor einer anderen zu formulieren:

Bi Darhan hotod ireed dsotschid buudald suusan.
ich Darhan Stadt-3 gekommen Gäste Station-3 gewohnt
Als ich nach Darhan gekommen war, habe ich im Hotel gewohnt.

Regelmäßigkeit

-dag, -dog, -deg, dög	Vok!

Hiermit wird eine Handlung charakterisiert, die sich wiederholt, die regelmäßig stattfindet oder die sich über einen langen Zeitraum erstreckt.

Bi Berlin hotod suudag.
ich Berlin Stadt-3 wohne(-ständig)
Ich wohne in Berlin.

Bi amraltara adshiladaggüj.
ich Urlaub arbeiten(-ständig)-nicht
Ich arbeite im Urlaub (generell) nicht.

etwas gemeinsam tun

-lts- (unveränderlich!)

Um zu betonen, dass zwei oder mehrere Personen „gemeinsam" eine Tätigkeit ausführen, hängt man die Endung **-lts-** an den Stamm des Verbs. Danach können weitere Endungen, z. B. für die Zeitform, folgen.

jari-	sprechen
jariltssan	miteinander gesprochen/ sich unterhalten haben
or-	hineingehen
oroltsoh	gemeinsam an etwas teilnehmen

wichtige Verben

dsogs-	anhalten
möngö töl-	bezahlen
awtschr-	bringen
bod-	denken
uri-	einladen
tajlbarl-	erklären
id-	essen
jaw-	fahren, gehen
dsurag aw- *Bild nehmen*	fotografieren

ög-	geben
hudaldadsh aw-	kaufen
tani-	kennen
ir-	kommen
unschi-	lesen
hajrl-	lieben
hii-	machen, tun
aw-	nehmen
hel-	sagen
unt-	schlafen
üds-	sehen
togl-	spielen
uu-	trinken
ojlg-	verstehen
med-	wissen
suu-	sitzen; wohnen
üdsüü-	zeigen

Wortstellung im Satz

Die Wortstellung im mongolischen Aussagesatz lautet in der Regel:

Subjekt (Satzgegenstand)	**Objekt** (Satzergänzung)	**Prädikat** (Satzaussage)
Bi	**nom**	**awna.**
ich	*Buch*	*kaufe*
	Ich kaufe das Buch.	

Zur Wort- und Satzstellung von Haupt-/Nebensätzen vergleiche Kapitel „Bindewörter“ und „Verhältniswörter“!

In der gesprochenen Sprache kann es vorkommen, dass das Prädikat zugunsten einer Betonung nun nicht mehr am Satzende steht, sondern an vorletzter Stelle. An letzter Stelle können dann zum Beispiel Fragepartikel (vgl. Kapitel „Fragen“) oder andere Partikel (z. B. zur Betonung) stehen.

Besitzanzeigende Fürwörter

Besitz und Zugehörigkeit können auf mehrere Arten ausgedrückt werden.

vorangestellte besitzanzeigende Fürwörter

Die einfachste Möglichkeit ist die folgende: Man stellt vor das jeweilige Hauptwort das besitzanzeigene Fürwort (Reihenfolge also wie im Deutschen). Die besitzanzeigenden Fürwörter sind die im 2. Fall (Genitiv) gebeugten persönlichen Fürwörter; sie sind unveränderlich.

minij aaw	mein Vater
tschinij eedsh	deine Mutter

In der Mehrzahl wird sowohl bidnij (unser) als auch manaj (unser) verwendet. Bidnij enthält eine gewisse Distanz des Sprechers; bei manaj ist der Sprecher in das „unser" mit einbezogen. Für den Touristen wird diese kleine Nuance oftmals unwichtig sein. Deshalb sollte er eher manaj benutzen.

manaj oron	unser Land
manaj ah	unser Bruder
tanaj mor*	euer Pferd
tanaj maschin	euer Auto

aber:

Tany talaas
Ihr-2 Seite-5
Ihrerseits

Tany bie sajn uu?
Ihr-2 Körper gut FP
Wie geht es Ihnen?

nachgestellte besitzanzeigende Fürwörter

Die folgende Form wird benutzt, wenn die Zugehörigkeit zu einer Person oder einem Gegenstand zu bezeichnen, die nicht Subjekt des Satzes (Satzgegenstand) sind. Oftmals findet man diese Ausdrucksweise, wenn eine gewisse Nähe oder emotionale Verbindung mitanklingen soll. So heißt es nicht nur in mongolischen Liedern hongor min* (meine Liebste).

min*	mein	**man***	unser
tschin*	dein	**tan***	euer
n*	sein, ihr	**n***	ihr

Tschi aawy min* üdsne.
du Vater-4 meinen gesehen
Du siehst meinen Vater.

Bi nomy tschin* unschlaa.
ich Buch-4 dein gelesen
Ich las dein Buch.

Bi biljetij man* awsan.
ich Fahrkarten-4 unsere gekauft
Ich habe unsere Fahrkarten gekauft.

Eedsh adshily n* duusan.
Mutter Arbeit-4 ihre beendet
Mutter hat ihre Arbeit beendet.

Wie die Beispiele zeigen, reduzieren sich die Beugungsendungen des 4. Falles (Akkusativ) auf y (statt yg) bzw. ij (statt ijg) (Vok!), vergleiche:

gerijg	*Jurte-4*	Jurte
gerij tschin*	*Jurte-4 dein*	deine Jurte
nohojg	*Hund-4*	Hund
nohojgij tschin*	*Hund-4 dein*	dein Hund
nomyg	*Buch-4*	Buch
nomy man*	*Buch-4 unser*	unsere Bücher

rückbezügliche besitzanzeigende Endungen

Etwas komplizierter, aber dafür eben Mongolisch, ist der Gebrauch der rückbezüglichen besitzanzeigenden Endungen. Man kann mit ihnen die Zugehörigkeit zu einer Person, die Subjekt desselben Satzes ist, ausdrücken. Dabei wird dem Hauptwort je nach Fall eine besitzanzeigende Endung angefügt.

2. Fall (Vok!):	**-haa, -hoo, -hee, -höö**
3.-6. Fall (Vok!):	**-aa, -oo, -ee, -öö**
7. Fall (Vok!):	**-gaa, -goo, -gee, -göö**

Im 1. Fall ist die rückbezügliche Form nicht anwendbar.

Die Endungen sind hier auf das Beispiel ehner (Frau) angewandt:

1. **ehner**	Frau
2. **ehner-ijn-hee**	meiner/deiner ... Frau“
3. **ehner-t-ee**	zu meiner/deiner ... Frau
4. **ehner-ee**	meine/deine ... Frau
5. **ehner-ees-ee**	von meiner/deiner ... Frau
6. **ehner-eer-ee**	durch meine/deine ... Frau
7. **ehner-tej-gee**	mit meiner/deiner ... Frau

Dabei bedeuten die Endungen jeweils „mein, dein, sein, ihr, unser, euer, ihre“, je nachdem, wer der Handelnde (Subjekt) des Satzes ist!

Ta ehnertejgee ireh üü?
Ihr Ehefrau-7-Eurer kommen FP
Kommen Sie mit Ihrer Ehefrau?

In der Umgangssprache kommen gerade diese Formen sehr häufig vor.

Bi ehnertejgee irne.
ich Ehefrau-7-meine komme
Ich komme mit meiner Ehefrau.

Einem Ausländer wird man mit Verständnis nachsehen, wenn er auf den Gebrauch der beiden zuletzt genannten rückbezüglichen Besitzanzeiger vorwiegend verzichtet, da sie nicht ganz einfach zu handhaben sind.

Aktiv & Passiv

Mongolische Verben, die eine aktive Handlung ausdrücken, können auf zweierlei Art ins Passiv gesetzt werdem.

lassen/eine Handlung veranlassen

Verben, die eine aktive Handlung beschreiben, können durch Einfügen einer Silbe so verwandelt werden, dass sie die Veranlassung einer Handlung ausdrücken, z. B.: „gehen" (aktive Handlung!) wird zu „gehen lassen" = „schicken" (Veranlassung einer Handlung!). Daran werden weitere Endungen für die jeweils benötigte Zeitform angehängt (s. Kap. „Verben"). Oftmals kann man diese Konstruktionen im Deutschen mit „lassen" wiedergeben.

-uul-, -üül-	nach kurzen Lauten
-lga-, -lgo-, -lge-, -lgö-	nach langen Selbst- und Zischlauten
-ga-, -go-, -ge-, -gö-	nach **l, r, s**
-aa-, -oo-, -ee-, -öö-	nach einigen Mitlauten

Zu beachten ist, dass die genannten Endungen der Vokalharmonie unterliegen. Damit Sie an dieser Stelle jedoch nicht allzu viel Zeit investieren müssen, sind die wichtigsten dieser Verben sowohl in ihrer „aktiven" als auch in ihrer „veranlassenden" Form bereits in den Wörterlisten im Anhang enthalten (jedoch ohne die Endung einer Zeitform!).

jawah	gehen	**jawuulah**	schicken
hijh	machen	**hijlgeh**	machen lassen
üdseh	sehen	**üdsüüleh**	zeigen
uuh	trinken	**uulgah**	trinken lassen

Passiv

-d-	nach **l** und **s**
-t-	nach **w**
-gd-	in allen anderen Fällen

Um eine Handlung im Passiv zu beschreiben, fügt man an den Verbstamm eine der o. g. Endungen an, der wiederum eine Endung für die gewünschte Zeitform folgt.

awah	nehmen
awtah	genommen werden
üdseh	sehen
üdsegdeh	gesehen werden
sonsoh	hören
sonsdoh	gehört werden
oloh	finden
oldoh	gefunden werden
heleh	sagen
helegdeh	gesagt werden

Sein

Das deutsche Verb „sein“ kann auf verschiedene Art und Weise ausgedrückt werden.

sein

Das Mongolische kennt für „sein“ die Wörter bajna, jum, mön, die alle etwa die Grundbedeutung „sein“ („bin, bist, ist ...“) haben. Der Unterschied dieser Wörter liegt in ihrer Ausdrucksstärke, wobei bajna und jum nur geringfügige Unterschiede kennzeichnen. Daher ist es angebracht, bei den eigenen ersten Sprechversuchen bajna den Vorzug zu geben.

Bajna kann mit Haupt-, Eigenschafts-, Umstands-, Tätigkeits- und Fragewörtern stehen und verschiedene Zeitformen (bzw. Zeitverhältnisse) annehmen:

Ene bol Ulaanbaatar bajna.
dies P Ulaanbaatar ist
Das ist Ulaanbaatar.

Tenger bürheg bajsan.
Himmel bedeckt war
Der Himmel war bedeckt.

Tanyg bi ih l duuldsh bajsan.
Ihr-4 ich viel P schon hören(-d) war
Ich habe schon viel von Ihnen gehört.

Odoo Tand jadsh bajna daa.
jetzt Ihr-3 wie ist P
Wie geht es Ihnen jetzt?

Schine setgüül bajna uu?
neue Zeitschriften sind FP
Sind neue Zeitschriften da?

Mön bringt mehr zum Ausdruck, dass etwas so und nicht anders ist:

Ene bol minij tschemodan mön!
dies P ich-2 Koffer „ist"
Das ist mein Koffer! (und nicht deiner!)

In der Umgangssprache ist es durchaus üblich, bajna und jum bzw. mön zu kombinieren. Häufig hört man daher:

Ene ih üntej jum bajna.
dies sehr Preis-7 „ist" ist
Das ist sehr teuer.

Ene - nuur mön bajna.
dies - See „ist" ist
Das ist ein See! (nichts anderes!)

haben

Ein Verb wie das deutsche „haben" gibt es im Mongolischen nicht. Stattdessen wird entweder ebenfalls bajna (sein) oder überhaupt kein Verb verwendet!

Prägen Sie sich vor allem folgende Satzbaupläne ein:

Bi arwan nastaj.
ich zehn Jahre-7
Ich bin 10 Jahre alt.

Bi möngtej bajna.
ich Geld-7 ist
Ich habe Geld.

Bi egtschtej bajna.
ich (ältere-)Schwester-7 ist
Ich habe eine ältere Schwester.

Tand ... bajna uu?
Ihr-3 ... ist FP
Haben Sie ...?

Minij gedes ölsödsh bajna.
ich-2 Bauch hungrig ist
Ich habe Hunger.

Bi tsadlaa.
ich satt(-schon)
Ich bin satt.

Bi german hün.
ich deutsch Mensch
Ich bin Deutsche(r).

Nadad möngö bajhgüj.
ich-3 Geld ist-nicht
Ich habe (besitze) kein Geld.

Können, Dürfen & Müssen

Die folgenden Modalverben werden mit anderen Verben kombiniert, indem sie diesen nachgestellt werden. An das Verb wird dann die Endung -dsh oder -ah (Vok!) angehängt. Die Modalverben haben (wie auch im Deutschen) die Aufgabe, die im Verb beschriebene Handlung zu modifizieren.

tschadah	können
tschadahgüj	nicht können
boloh	dürfen
bolohgüj	nicht dürfen
heregtej	müssen
hereggüj	nicht müssen
jostoj	sollen
josgüj	nicht sollen
durtaj	gern wollen
durgüj	nicht gern wollen
sanaataj	beabsichtigen
sanaagüj	nicht beabsichtigen

Bi odoo jawah heregtej.
ich jetzt gehen müssen
Ich muss jetzt gehen.

Tschi dsurgaan tsagt ireh jöstoj.
du sechs Zeit-3 kommen sollen
Du sollst um 6 Uhr kommen.

Bi odoo haluun hool ideh durgüj bajna.
ich jetzt warm Speise essen gern-wollen-nicht bin
Ich möchte jetzt keine warme Speise essen.

Bid hüleeh sanaataj.
wir warten beabsichtigen
Wir wollen / beabsichtigen zu warten.

Auffordern, Bitten & Befehlen

Der Mongole kennt feine Abstufungen, um Bitte, Wunsch, Befehl auszudrücken.

auffordern

Die einfachste Möglichkeit, einen Befehl oder eine Aufforderung auszudrücken, ist die, einfach den Stamm des Verbs (so wie er in den Wörterlisten im Anhang zu finden ist) zu verwenden:

jaw-	gehen	**jaw!**	Geh! / Hau ab!
ir-	kommen	**nasch (aa) ir!**	Komm zu mir!
aw-	nehmen	**talh aw!**	Nimm Brot!

Die etwas höflichere Variante ist jedoch, die Endung -aaraj an den Stamm des Verbs zu hängen:

-aaraj, -ooroj, -eerej, -öörej	Vok!
-iaraj, -ioroj	nach **i** und *
-gaaraj, -gooroj, -geerej, -göörej	nach langen Selbst- und Zischlauten

Die Mongolen verwenden diese Variante, um einen abgeschwächten Befehl, einen Auftrag oder aber eine Bitte zu formulieren. Diese Befehlsform ist für einen Touristen wahrscheinlich am besten geeignet, um im Ton nicht daneben zu greifen und dennoch eine Aufforderung oder eine Bitte nachhaltig genug auszudrücken. In der Wort-für-Wort-Übersetzung steht hinter einer Befehlsform ein Ausrufezeichen in Klammern.

Es gehört sicher etwas Übung dazu, im Mongolischen eine Bitte oder eine Aufforderung sprachlich richtig auszudrücken. Aber bestimmt wird jeder Mongole verständnisvoll reagieren, wenn man sich im 'Ton' nur leicht geirrt hat.

Uutschlaaraj!
entschuldigen-bitte(!)
Entschuldigen Sie bitte!

Dshaahan hüleegeerej!
wenig warten-bitte(!)
Einen Augenblick, bitte!

Ehnertejgee hamt ireerej!
Frau-7-Eure mit kommen-bitte(!)
Kommen Sie bitte mit Ihrer Frau!

Ööröö medeerej!
selbst wissen-bitte(!)
Wie Sie wollen!

Sajn jawaaraj!
gut reisen-bitte(!)
Gute Reise!

Sajn suugaaraj!
gut leben-bitte(!)
Leben Sie wohl!

bitten

„Bitte" wird im Mongolischen auf sehr unterschiedliche Weise gesagt. Meistens werden dazu an den Stamm des Verbs jeweils verschiedene Endungen angehängt, die der Vokalharmonie folgen.

Mit der Endung -maar versehen drückt das Verb einen allgemeinen Wunsch oder eine Absicht aus. In der Umgangssprache hört man diese Variante oft.

maar, -moor, -meer, -möör Vok!

Bi haluun jum uumaar bajna.
ich warm Sache trinken-mögen ist
Ich möchte etwas Warmes trinken.

Bi hüjten / mahgüj jum idmeer bajna.
ich kalt / Fleisch-ohne Sache essen-mögen ist
Ich möchte etwas Kaltes / ohne Fleisch essen.

jawmaar	die Absicht haben, zu gehen
jarimaar	die Absicht haben, zu sprechen
üdsmeer	den Wunsch haben, zu sehen / zu besuchen
awmaar	den Wunsch haben, zu nehmen / zu kaufen

Eine stärkere Bitte erreicht man durch die Endung -aatsch. Die Verneinung erfolgt meist mit bitgij (nicht).

-aatsch, -ootsch, -eetsch, -öötsch Vok!

... (+ 4. Fall) **awtschirtsch ögöötsch!**
...-4 bringen(-d) geben-bitte(!)
Bringen Sie mir bitte ...!

Ta nadad bitgij saad hijgeetsch!
Ihr ich-3 nicht Hindernis machen-bitte(!)
Stören Sie mich bitte nicht!

Zusammen mit der Fragepartikel uu (hintere Reihe) bzw. üü (vordere Reihe) wird sie zu einer höflichen Aufforderung.

-na, -no, -ne, -nö	Vok!

Ta nadad pasportaa üdsüülne üü?
Ihr ich-3 Pass-Euren zeigen FP
Zeigen Sie mir bitte Ihren Pass!

Diese höfliche Form der Aufforderung ist bereits aus dem Kapitel „Tätigkeitswörter" bekannt.

Ta suuna uu?
Ihr setzen FP
Setzen Sie sich bitte!

Ta nadad ... ögnö üü?
Ihr ich-3 ... geben FP
Reichen Sie mir bitte ...!

befehlen

Stärkere Aufforderungen, Wünsche oder Befehle, in die sich der Sprecher miteinbezieht, können durch die Endung -ja (Vok!) ausgedrückt werden.

-ja, -jo, -je	nach Selbstlauten oder *
-*e	vordere Reihe, die auf Mitlauten endet

Dsa, odoo jawja!
ja, jetzt gehen(!)
Gehen wir!,
Lasst uns gehen!

Dsa, teg*e!
ja, machen(!)
Gut, machen wir es so!

Verbot

Von den oben genannten Befehlsformen können die Formen „nur Stamm des Verbs“ und „Stamm des Verbs + -aaraj“ verneint werden, um ein Verbot auszudrücken. Dies geschieht, indem man diesen bitgij (nicht) voranstellt.

Aus dem Altmongolischen haben sich büü *oder* ul *mit derselben Bedeutung erhalten.*

Ta odoo bitgij tat!
Ihr jetzt nicht rauchen(!)
Rauchen Sie jetzt nicht!

Büü med!
nicht wissen(!)
Weiß der Teufel!

Ta bitgij hüleegerej!
Ihr nicht warten-bitte(!)
Bitte warten Sie nicht!

Bitgij ireerej!
nicht kommen-bitte(!)
Bitte kommen Sie nicht!

Aber es geht auch so:

Gartsch bolohgüj!
herausgehen werden-nicht(!)
Kein Ausgang!

Gartsch ul bolno!
herausgehen nicht werden(!)
Kein Ausgang!

Ordsh bolohgüj!
hineingehen werden-nicht(!)
Kein Eingang!

Ordsh ul bolno!
hineingehen nicht werden(!)
Kein Eingang!

Büü tüsch!
nicht anlehnen(!)
Nicht anlehnen!

Bindewörter

Bindewörter (Konjunktionen) verbinden einzelne Satzteile und ganze Sätze. Dabei muss man im Mongolischen zwischen zwei verschiedenen Arten von Bindewortkonstruktionen unterscheiden: einmal selbständige Bindewörter und zum anderen Endungen, die an das Verb angehängt werden und Bindewortfunktion haben. Zunächst jedoch die selbständigen Bindewörter:

harin, gewtsch	aber
tegeed	danach
gedsh	dass, um zu
tijm utschraas *so-ein Grund-5*	deshalb, darum
bujuu, eswel	oder
tegewtsch	trotzdem
ba, bolon, bögööd	und
utschraas *Grund-5*	weil

Die normale Satzstellung des Aussagesatzes „Subjekt - Objekt - Prädikat" ändert sich auch mit einem Bindewort nicht!

Die Bindewörter utschraas (weil), tijm utschraas (darum), tegeed (danach), tegewtsch (trotzdem) verlangen, dass zuerst der Grund genannt wird, der die weitere Handlung bedingt. Nach Nennung des Grundes wird der Satz mit dem Bindewort fortgesetzt:

Mah bajhgüj bajsan tijm utschraas bi talh idsen.
Fleisch sein-nicht war so-ein Grund-5 ich Brot gegessen
Es war kein Fleisch da, deshalb aß ich Brot./ Weil es kein Fleisch gab, aß ich Brot.

und

Wenn man Personen zählt, wird meistens das entsprechende Zahlwort (Summe der gezählten Personen) hinter die letztgenannte Person gestellt:

aaw bid hojor
Vater wir zwei
Vater und ich

tschi bid hojor
du wir zwei
du und ich

Tuja, Bold bid guraw
Tuja, Bold wir drei
Tuja, Bold und ich

Herbert, Rolf, Klaus guraw
Herbert, Rolf, Klaus drei
Herbert, Rolf und Klaus

„Und" kann aber auch durch ba, bolon, bögööd ausgedrückt werden. Ihr Gebrauch hängt sehr von der Sprechgewohnheit des Einzelnen und der jeweiligen Situation ab. Will man z. B. eine zeitliche Abfolge verdeutlichen, wird überwiegend bögööd verwendet. Oftmals jedoch werden zwei Begriffe einer Aufzählung ohne Bindwort aneinandergereiht. Anstelle des Bindewortes macht man dann eine kleine Sprechpause.

dass, um zu

Konstruktionen mit dem Bindewort gedsh (dass, um zu) sollte man zur Hand haben. Auf diese Weise lässt sich nämlich direkte Rede ausdrücken. Diese Bedeutung erhält gedsh dann, wenn an das Verb der „Rede" die Endung -ah (Vok!) angehängt wird.

Bi medne gedsh eedsh helsen.
ich weiß dass Mutter sagte
„Ich weiß", sagte die Mutter.

Steht gedsh vor Verben, die Handlungen des Sprechens, Schreibens, Hörens oder Denkens beschreiben, bezeichnet es die indirekte Rede:

Batbold önöödöör irsen gedsh bi sonsson.
Batbold heute gekommen dass ich hörte
Ich hörte, dass Batbold heute (an)kam.

In allen anderen Fällen erhält gedsh die Bedeutung „um zu":

Bi süü abah gedsh delgüür lüü jawsan.
ich Milch holen um-zu Laden nach ging
Ich ging in den Laden, um Milch zu holen.

Seine eigene Meinung, kann man wie in den folgenden Beispielen unterstreichen. Das, was man meint, sagt man allerdings zuerst:

..., gedsh bi bododsh bajna.
..., dass ich denken(-d) bin
Ich denke, dass ...

..., gedsh bi najdadsh bajna.
..., dass ich hoffen(-d) bin
Ich hoffe, dass ...

..., gedsh bi sanadsh bajna.
..., dass ich erinnern(-d) bin
Ich erinnere mich, dass ...

Die zweite Möglichkeit, Sätze oder Satzteile mit Bindewörtern zu verbinden, besteht darin, eine entsprechend Endung an das Verb des Nebensatzes anzuhängen. Hier muss wieder die normale Satzstellung im Mongolischen beachtet werden, die sich auch im Nebensatz nicht ändert.

wenn, dann

Um ausdrücken, unter welchem Umstand die Handlung im Hauptsatz stattfindet bzw. welche Handlung sie bedingt, werden häufig die folgenden Endungen, die sich nach der Vokalharmonie richten, an den Stamm des Verbs im Nebensatz gehängt.

-wal, -wol, -wel, -wöl	Vok!
-bal, -bol, -bel, -böl	nach **w, l, m**

Diese Konstruktion beinhaltet auch die Information, dass sich die Haupthandlung unmittelbar nach der Nebenhandlung ereignet.

Tschi dsawtaj bajwal ir!
du Zeit-7 sein-wenn komm(!)
Wenn du Zeit hast, komm (vorbei)!

obwohl, obgleich

-awtsch, -owtsch, **-ewtsch, -öwtsch**	Vok!

Hiermit lässt sich verdeutlichen, dass eine Handlung unabhängig von einer anderen stattfindet. Diese Ausdrucksvariante ist sehr leicht anzuwenden, da man nur das Hilfsverb bolowtsch der Konstruktion des Hauptsatzes nachzustellen braucht.

borootoj bolowtsch hüjten bisch bajna.
Regen-7 obwohl kalt nicht ist
Obwohl es regnet, ist es nicht kalt.

Hüjten bajsan bolowtsch, ...
kalt war obwohl, ...
Obwohl es kalt war, ...

sobald, als

-magts, -mogts, -megts, -mögts	Vok!

Hier nun eine Möglichkeit, mit der zum Ausdruck gebracht wird, dass die Handlung des

Hauptsatzes unmittelbar nach Beendigung der Handlung des Nebensatzes stattfindet. Eine Übersetzung wäre denkbar mit „sobald", „in dem Moment, als ..." oder „als ...".

Harmagts ...
schauen-sobald ...
Sobald (ich) ... anschaute, ...

Garmagts ...
hinausgehen-als ...
Als (ich) hinausging, ...

In der Umgangssprache hört man stattdessen oftmals auch die Endung -ahlaar (Vok!):

Bi bajschind orohloor ...
ich Haus-3 hineingehen-als ...
Als ich ins Haus hineingehe/hineinkam), ...

Um bei seinen Ausführungen etwas Zeit zu gewinnen, kann es sehr hilfreich sein, nachstehende Floskeln parat zu haben:

Auf diese Einleitung folgt dann als Nebensatz der auszudrückende Gedanke in der nun schon gewohnten Reihenfolge: Subjekt – Objekt – Prädikat.

geleetsch gesen	(etwa:) jedoch, obwohl
ööröör helbel	anders gesagt
minij huw'd bolbol	was mich betrifft
minij bodohod	meiner Meinung nach
minij medehed	soviel ich weiß

Verhältniswörter

Verhältniswörter (Präpositionen) stehen im Mongolischen immer hinter dem Wort, auf das sie sich beziehen. Hier nur eine kleine Auswahl der wichtigsten. Dabei muss das voranstehende Hauptwort im angegebenen Fall stehen.

Hauptwort (ungebeugt) + ...	
deer	auf, an, am, in, im
hürtel	bis
majagaar	nach (Vorbild)
ruu/rüü (Vok!)	nach, zu (Richtungs-
luu / lüü (nach **r**)	anzeiger)

hural deer
Versammlung auf
auf der Versammlung

morin deer
Pferd auf
auf dem Pferd

Hauptwort (2. Fall) + ...			
dor	unter (örtl.)	**daguu**	entlang
ömnö	vor (örtl.,	**tsaana**	hinter
	zeitl.)	**daraa**	nach (zeitl.)
derged	neben	**deer**	auf (örtl.)
tuhaj	über	**dotor**	in (örtl.)

mongolyn tuhaj
Mongolei-2 über
über die Mongolei

huulijn daguu
Gesetz-2 entlang
dem Gesetz nach

Hauptwort (5. Fall) + ...			
hojsch	nach (zeitl.)	**ömnö**	vor (Ursache, Gefühl)
gadna	außer	**deesch**	über (zeitl.)
tsaasch	weiter weg	**ilüü**	über (Maß)
naasch(aa)	hierher		

tendees tsaasch
dort-5 weiter
von dort aus weiter

üünees gadna
dies-5 außen
außerdem

Vieles, was man im Deutschen durch ein Verhältniswort ausdrückt, lässt sich im Mongolischen auch einfach nur durch eine entsprechende Endung am Hauptwort (Beugung!) realisieren. Zutreffend ist dies u. a. auch für „auf" (Frage: wo?), „seit", „zwischen" und „von". Für einige Verhältnisangaben sind jedoch auch mehrere Möglichkeiten geläufig, zum Beispiel:

Bi Berlind bajna.
ich Berlin-3 bin
Ich bin in Berlin.

Minij huwtsas schüügeen dotor bajna.
ich-2 Kleidung Schrank-4 in ist
Meine Kleidung ist im Schrank.

Fragen

Wie im Deutschen unterscheidet man zwischen Entscheidungsfragen und Ergänzungsfragen.

Entscheidungsfragen

Entscheidungsfragen, also Fragen, auf die man nur mit „ja" oder „nein" antworten kann, enthalten die Fragepartikel uu (Vok!), die sich nach dem Selbstlaut des vorangehenden Wortes richtet.

Die Fragepartikel wird an das Ende des normalen Aussagesatzes angehängt. Die Wortstellung des Satzes bleibt dabei erhalten. Da die Fragepartikel nicht wörtlich übersetzt werden kann, steht in der Wort-für-Wort-Übersetzung an dieser Stelle die Abkürzung „FP". Die Fragepartikel richtet sich nach der Vokalharmonie:

uu	nach **a, o, u**
üü	nach **e, ö, ü**
juu	nach langem **aa, oo, uu;** nach den Zwielauten **aj, oj, uj**
jüü	nach langem **ee, öö, üü;** nach den Zwielauten **ej, öj, üj**

Entscheidend ist, welche Laute das vorangehende Wort enthält.

Will man verstanden werden, müssen diese kleinen Unterschiede zu hören sein!

Ene – amttaj hool bajna uu?
dies – Geschmack-7 Speise ist FP
Ist das schmackhaftes Essen?

Ene – undaa juu?
dies – Limonade FP
Ist das Limonade?

Ene – sonin nom bajna uu?
dies – interessantes Buch ist FP
Ist das ein interessantes Buch?

Ta margaasch ireh üü?
Ihr morgen kommen FP
Kommen Sie morgen?

Soll mit der Frage gleichzeitig ein Zweifel ausgedrückt werden, stellt man der Fragepartikel jum (ungefähr: „etwa/denn", auch „sein", eigentlich: „Sache") voran:

Ene – sotschid buudal jum uu?
dies – Gäste Station sein FP
Ist das denn / etwa ein Hotel?

Ergänzungsfragen

Ergänzungsfragen werden mit Fragewörtern und einer weiteren Fragepartikel gebildet. Die Fragepartikel steht am Satzende, die Stellung der Fragewörter kann jedoch variieren. Die Fragepartikel lautet we; nach Wörtern, die auf n, b oder m enden, lautet sie jedoch be.

hedsee?	wann?
jaagaad?	warum?
juu?	was?
jamar?	was für?
al'?	welche, -r, -s?
hen?	wer?
jaadsh?	wie?
haa?, haana?	wo?
haanaas?	von wo?
haaschaa?	wohin?
juund?	wozu?
ched(en)?, chitschneen?	wie viel?

Ene juu we?
dies was FP
Was ist das?

Ene hen be?
dies wer FP
Wer ist das?

In der Umgangssprache wird be/we oft auch weggelassen; nach bajna (sein) hat sie oftmals verstärkende Funktion:

Ene jamar kino bajna we?
dies was-für Film ist FP
Was für ein Film ist das?

Bejahen

Auf Entscheidungsfragen antwortet man mit „ja", indem man das Verb oder – falls vorhanden – das Hilfsverb der Frage wiederholt. Dabei wird der letzte Selbstlaut des Verbs lang ausgesprochen:

Piwo bajna uu?	**Bajna.**
Bier ist FP	*ist*
Haben Sie Bier?	Ja (ich habe Bier).

Dordsh irsen üü?	**Irsen.**
Dordsh gekommen FP	*gekommen*
Ist Dordsh gekommen?	Ja (er ist gekommen).

... (+ 4. F.) **üdsedsh boloh uu?**	**Bolno.**
...-4 sehen(-d) dürfen FP	*dürfen*
Darf (ich) ... sehen?	Ja (Sie dürfen).

Noch einfacher ist es allerdings, mit tijmee (etwa: „ja, so ist es“) oder dsa (relativ neutrales „ja“) zu antworten. Darüber hinaus gibt es aber noch eine Vielzahl von anderen positiven Antworten, bei denen man das Verb der Frage nicht zu wiederholen braucht. „Ja“ kann z. B. außerdem noch heißen:

Tijmee!	etwa: Ja, so ist es!
Dsa, tegne!	etwa: Ja, so mache ich es!
Tegsen!	etwa: Ja, so war es!
Tegelgüj jaah we!	etwa: Ja, natürlich!

Verneinen

bisch

Für die Verneinung von Befehlsformen (= Verbot) s. Kap. „Auffordern, Bitten & Befehlen“.

Eigenschafts- und Hauptwörter können durch nachgestelltes bisch (nicht/kein ..., sondern) verneint werden:

hjamdhan	billig
hjamdhan bisch	nicht billig
maschin	Auto
maschin bisch	kein Auto

Ene – tsagaan budaa bisch, huuhdijn budaa bajna.
dies – weiß Getreide nicht, Kinder-2 Getreide ist
Das ist kein Reis, sondern Grieß.

Ene ünetej bisch, hjamdhan bajna.
dies Preis-7 nicht, billig ist
Das ist nicht teuer, sondern billig.

Ene – ih delgüür üü?	**Bisch.**
dies – groß Geschäft FP	*nicht*
Ist das ein Kaufhaus?	Nein.

Auch als verneinende Antwort auf Entscheidungsfragen kann bisch *(nicht, kein) stehen.*

-güj

Eine zweite Möglichkeit der Verneinung ist die sehr gebräuchliche Endung -güj (etwa: „ohne“ oder „nicht, kein“):

adshilgüj	**dsawgüj bajna**	**idehgüj**
Arbeit-ohne	*Zeit-ohne sein*	*essen-nicht*
nicht arbeiten (=„geschlossen“)	keine Zeit haben	nicht essen

„Nein“ kann als Antwort aber auch heißen:

ügüj	recht neutrales „nein“
bajhgüj	etwa: „nein, gibt es nicht“

Zahlen & Zählen

Zahlen können zum Aufzählen und wie Eigenschaftswörter verwendet werden.

Grundzahlen

Wird das Zahlwort als Eigenschaftswort gebraucht (z. B.: „zwei Kinder, drei Kinder"), verwendet man die in Klammern angegebenen Formen. Ausnahme: Bei der Zahl neg (eins) heißt es meistens negen.

Zusammengesetzte Zahlen werden ebenfalls mit den in Klammern angegebenen Varianten gebildet, z. B. gutsch (dreißig), aber gutschin neg (einunddreißig); dsuu (hundert), aber dsuun neg (hundertundeins)!

Die Zahlen von 11 bis 19 werden gebildet, indem die Grundzahl der Zahl 10 nachgestellt wird. Das gleiche Vorgehen gilt auch beim Bilden aller anderen Zahlen.

0	**teg** oder **nol***	10	**araw (arwan)**
1	**neg (negen)**	11	**arwan neg**
2	**hojor (hojor)**	12	**arwan hojor**
3	**guraw (gurwan)**	13	**arwan guraw**
4	**döröw (dörwön)**	14	**arwan döröw**
5	**taw (tawan)**	15	**arwan taw**
6	**dsurgaa (dsurgaan)**	16	**arwan dsurgaa**
7	**doloo (doloon)**	17	**arwan doloo**
8	**najm (najman)**	18	**arwan najm**
9	**jes (jesön)**	19	**arwan jes**

20	**hor* (horin)**	21	**horin neg (negen)**
30	**gutsch (gutschin)**	22	**horin hojor**
40	**dötsch (dötschin)**	23	**horin guraw**
50	**taw* (tawin)**	24	**horin döröw**
60	**dshar (dsharan)**		usw.
70	**dal (dalan)**		
80	**naja (najan)**		
90	**jer (jeren)**		

100	**dsuu (dsuun)**	101	**dsuun neg**
200	**hojor dsuu**	102	**dsuun hojor**
300	**gurwan dsuu**	110	**dsuun apaw**
400	**dörwön dsuu**	111	**dsuun arwan neg**
500	**tawan dsuu**	120	**dsuun hor***

1.000	**mjanga (mjangan)**
2.000	**hojor mjanga**
10.000	**arwan mjanga** oder **tümen**
100.000	**dsuun mjanga**
1.000.000	**neg saja**

Arwan mjanga (10.000) kann auch tümen heißen. Tümen ist die Bezeichnung einer Heeresformation aus der Zeit Tschinggis Chaans und seiner Nachfahren. Ein tümen bestand aus 10.000 Mann.

Heute wird tümen vor allem auch in der Bedeutung „unzählige Menge", „sehr viel", z. B. in ard tümen (Volk), verwendet.

zählen

Die zu zählenden Gegenstände oder Personen stehen immer in der Einzahl.

dörwön hün
vier Mensch
vier Leute

arwan mod
zehn Baum
zehn Bäume

arwan hojor tsamts
zehn zwei Hemd
zwölf Hemden

olon nom
viel Buch
viele Bücher

Ordnungszahlen

Ordnungszahlen (z. B. „erster, zweiter" usw.) können auf zwei verschiedene Arten gebildet werden. Am häufigsten fügt man an das Hauptwort, das gezählt bzw. bezeichnet werden soll, die Endung -dugaar oder -dügeer an (Vok!). Die Endung -dah* bzw. -deh (Vok!) begegnet einem u. a. bei den Wochentagen.

neg eins	**negdügeer, anhdugaar; negdeh** erste(r, -s)
hojor zwei	**hojordugaar; hojordah*** zweite(r, -s)
guraw drei	**gurawdugaar; gurawdah*** dritte(r, -s)
döröw vier	**döröwdügeer; döröwdeh** vierte(r, -s)
taw fünf	**tawdugaar; tawdah*** fünfte(r, -s)

arwan negdügeer *zehn erster*	elfte(r)
arwan hojordugaar *zehn zweiter*	zwölfte(r)

Bei zusammengesetzten Zahlen steht nur der Einer als Ordnungszahl.

einmal, zweimal ...

Will man „einmal, zweimal" sagen, reicht es, nur die Zahl in ihrer Stammform zu gebrauchen. Bekommt die Aussage dadurch jedoch keine Eindeutigkeit, ist es möglich, der Zahl dahin (Mal) nachzustellen. Im Alltagsgespräch hört man statt dahin oftmals auch udaa.

Bi araw irsen.
ich zehn kam
Ich kam zehnmal.

araw dahin
zehn Mal
zehnmal

doloo honogt gurwan udaa
sieben Tag-3 drei Mal
dreimal wöchentlich

hojor dahin	*zwei Mal*	zweimal
guraw dahin	*drei Mal*	dreimal
döröw dahin	*vier Mal*	viermal

Eine Ausnahme bildet „einmal". Hier heißt es neg udaa bzw. für „noch einmal" neg dahiad.

Bruchzahlen

Bruchzahlen werden gebildet, indem das im Kapitel „Grundzahlen" in Klammern genannte Zahlwort im 2. Fall (Genitiv) gebeugt wird. Eine Ausnahme stellt „einhalb“ dar.

hagas	*einhalb*	einhalb
gurwany neg	*drei-2 eins*	ein Drittel
gurwany hojor	*drei-2 zwei*	zwei Drittel
dörwönij guraw	*vier-2 drei*	drei Viertel

Maße & Gewichte

dsuun gramm	100 Gramm
neg kilo(gramm)	1 Kilo(gr.)
neg püü	1 Pud (= 16,38 kg)
neg litr	1 Liter
neg kubmetr	1 Kubikmeter
neg santimetr	1 Zentimeter
neg metr	1 Meter
neg gektar	1 Hektar

Zeit & Datum

Es ist sicher bezeichnend, wenn mancher Europäer einen Termin exakt auf 9.37 Uhr festlegt. Dort, wo man zuweilen den Termin einer Verabredung „so etwa gegen ...“ angibt, sollte man sich jedoch gelassen zeigen, wenn der Zeiger der Uhr ohne Erbarmen weiterrückt und niemand sich blicken lässt. Sicher eröffnet sich einem auch ein kleiner Einblick in die Lebensweise der Mongolen, wenn man zu verstehen versucht, dass die Zeit in den Weiten der Steppe einen anderen Gang hatte als in Europa. Doch Uhren gibt es überall, und die Zeit ist in der Mongolei mit Sicherheit nicht stehen geblieben ...

allgemeine Zeitangaben

udahgüj	bald
ert	früh
oroj	spät; Abend
odoo	jetzt
möd	sofort
honog	Tag und Nacht
ödör	Tag
schönö	Nacht
önöödör	heute
margaasch	morgen
nögöödör	übermorgen
örtschigdör	gestern
urdshigdar	vorgestern
ödör bür	täglich
öglöö	morgens
üdees ömnö	vormittags
üd	mittags
üdees hojsch	nachmittags

heden honogijn ömnö
einige Tag-2 vor
vor einigen Tagen

neg saryn ömnö
eins Monat-2 vor
vor einem Monat

hojor dshilijn ömnö
zwei Jahr-2 vor
vor zwei Jahren

neg doloo honogijn daraa
eins sieben Tag-2 danach
in einer Woche

hojor tsagijn daraa
zwei Stunde-2 danach
nach zwei Stunden

öngörsön/ireh dshil
vergangen/kommen Jahr
voriges/nächstes Jahr

Uhrzeit

Tany tsag jag dsöw üü?
Ihr-2 Zeit genau richtig FP
Haben Sie die genaue Uhrzeit?

Tsag hed boldsh bajna?
Zeit wieviel geworden ist
Wie spät ist es?

(jag) doloon tsag
(genau) sieben Zeit
(genau) 7 Uhr

doloon tsag arwan minut
sieben Zeit zehn Minute
7 Uhr 10

doloon tsag gutschin minut
sieben Zeit dreißig Minute
halb 8

doloon tsag hagas
sieben Zeit einhalb
halb 8

doloon tsag dötschin tawan minut
sieben Zeit vierzig fünf Minute
7 Uhr 45, Viertel vor 8

Für das letzte Beispiel kann es auch heißen:

najman tsagt arwan tawan minut dutuu bajna
acht Zeit-3 zehn fünf Minute enthalten ist
Viertel vor 8 (dreiviertel acht)

Möglich sind auch Konstruktionen folgender Art:

doloon tsagaas arwan minut öngörtsch bajna
sieben Zeit-5 zehn Minute vorübergehen ist
10 Minuten nach 7 Uhr

Und so verabredet man sich:

Bid heden tsag uuldsah we?
wir wieviel Zeit treffen(-werden) FP
Um wie viel Uhr treffen wir uns?

Ta doloon tsag bolgood teatrt bajdsh tschadah uu?
Ihr sieben Zeit geworden Theater-3 sein können FP
Können Sie um sieben Uhr am Theater sein?

Zeitspanne

Eine Zeitspanne wird angegeben, indem das Zeitwort, das den Beginn der Zeitspanne darstellt, im 5. Fall (Ablativ) gebeugt wird, also die Endung -aas (Vok!) erhält. Danach folgt das Zeitwort, welches das Ende der Zeitspanne angibt. Ihm wird das Verhältniswort hürtel (bis) nachgestellt.

arwan negees arwan doloon tsag hürtel
zehn eins-5 zehn sieben Zeit bis
von 11 bis 17 Uhr

ödröös ödör hürtel
Tag-5 Tag bis
von Tag zu Tag

mjanga jesön dsuun jeren onoos ...
tausend neun hundert neunzig Jahr-5 ...
von 1990 ...

... mjanga jesön dsuun jeren hojor on hürtel
... tausend neun hundert neunzig zwei Jahr bis
... bis 1992

Wochentage

Zur Bezeichnung der Wochentage können die Ordnungszahlen (vgl. gleichnam. Kapitel) mit der Endung -dah* bzw. -deh (Vok!) benutzt werden. Montag ist dann der „erste Tag", Dienstag der „zweite Tag" usw. Ausnahme: Der 6. Tag (Sonnabend) heißt wörtlich „halb gute Tag", und der 7. Tag (Sonntag) ist der „ganz gute Tag".

Lernen sollte man jedoch auch die gebräuchlichen „alten" mongolischen Bezeichnungen (in der zweiten Spalte), sonst könnten womöglich Schilder mit Öffnungszeiten zu einem ungewollten Ratespiel animieren.

negdeh ödör	**dawaa**	Montag
hojordah* ödör	**mjagmar**	Dienstag
gurawdah* ödör	**lhagwa**	Mittwoch
döröwdeh ödör	**pürew**	Donnerstag
tawdah* ödör	**baasan**	Freitag
hagas sajn ödör	**bjamba**	Sonnabend
büten sajn ödör	**njam**	Sonntag

Übrigens heißt „eine Woche" doloo honog *(etwa: „sieben mal Tag und Nacht")!*

Monate

In der Mongolei werden auch die Monate mit Ordnungszahlen „gezählt". Der Unterschied zu den Wochentagen: Die Ordnungszahl wird jetzt mit der Endung -dugaar bzw. -dügeer (Vok!) gebildet. Auf die Ordnungszahl folgt sar (Monat); negdügeer sar z. B. heißt „erster Monat", also „Januar":

negdügeer sar *erster Monat*	Januar
hojordugaar sar *zweiter Monat*	Februar
gurawdugaar sar *dritter Monat*	März
döröwdügeer sar *vierter Monat*	April
arwan negdügeer sar *zehn erster Monat*	November
arwan hojordugaar sar *zehn zweiter Monat*	Dezember

„Monatlich" heißt sar bür (wörtlich: „Monat ganz/jeden").

Sollten Sie zum **tsagaan sar** „weißen Monat“ in der Mongolei sein, so erleben Sie das traditionelle mongolische Neujahrsfest, das nach dem buddhistischen Kalender in der ersten Februarhälfte liegt.

Jahreszeiten

uliral	Jahreszeit / Quartal
hawar	Frühling
dsun	Sommer
namar	Herbst
öwöl	Winter

Datum

Datumsangaben haben im Mongolischen eine andere Reihenfolge als im Deutschen, und zwar „Jahr + Monat + Tag“, z. B. „1992-09-27“.

Zu beachten ist, dass die Jahreszahlen generell vollständig ausgesprochen werden, also „1993“ und nicht „93“.

mjanga jesön dsuun jeren hojor / gurwan / dörwön on
tausend neun hundert neunzig zwei / drei / vier Jahr
das Jahr 1992 / 1993 / 1994

geschrieben:
1993 ond
1993 Jahr-3
im Jahre 1993

gesprochen aber:
mjanga jesön dsuun jeren gurwan ond
tausend neun hundert neunzig drei Jahr-3
im Jahre 1993

Önöödör heden be?
heute wieviel FP
Der Wievielte ist heute?

Önöödör hojordugaar saryn arwan dsurgaan, büten sajn ödör bajna.
heute zweiter Monat-2 zehn sechs, ganz gut Tag ist
Heute ist Sonntag, der 16. Februar.

najmdugaar saryn arwan negend
achter Monat-2 zehn ein-3
am 11. August

mjanga jesön dsuun jeren gurwan ony döröwdügeer saryn doloond
tausend neun hundert neunzig drei Jahr-2 vierter Monat-2 sieben-3
am 7. April 1993

mjanga jesön dsuun jeren dörwön onoos ...
tausend neun hundert neunzig vier Jahr-5 ...
von 1994 ...

... mjanga jesön dsuun jeren tawan on hürtel
... tausend neun hundert neunzig fünf Jahr bis
... bis 1995

Kurz-Knigge

In der Mongolei – wie überhaupt überall in Asien – zählt die Stunde anders. Ob als Geschäftsreisender oder als Tourist – nehmen Sie sich Zeit! Und genießen Sie es, endlich mal Zeit zu haben. Der Versuch, „hektisch" von Termin zu Termin jagen zu wollen, ist wohl ehrenwert, aber vielleicht schon in Ulaanbaatar und garantiert in der Weite der Steppe erfolglos. Bei Ihrer Reise durch das Land werden Ihnen die Worte tijm!, dsa! (ja!, jawohl!), sajn! (gut!), jamaj! (lass sein!), aber auch: bajhgüj! (ist nicht da!), medehgüj! (weiß ich nicht!), tschadahgüj! (kann ich nicht!), margaasch! (morgen!) bald sehr vertraut klingen. Doch nur Mut – sollten Sie einen mongolischen Begleiter haben, so wird er manches „Wunder" vollbringen, damit Ihr Aufenthalt für Sie zu einem unvergesslichen Erlebnis wird. Das ist mongolische Gastfreundschaft! Aber auch auf sich allein gestellt, ist die Mongolei mit ihren liebenswürdigen Menschen und ihrer einmaligen Natur ein unvergessliches Abenteuer.

Werden Sie angesprochen, vielleicht auf Deutsch oder Englisch, so brauchen Sie durchaus nicht gleich misstrauisch zu sein. Viele Mongolen in Ulaanbaatar haben gerne Kontakt mit Ausländern. Und die Frage „Ta hanaas irsen be?" (Woher kommen Sie?) ist etwas ganz Selbstverständliches. Ihre Antwort „Bi germanaas irsen." (Ich komme aus Deutschland.) wird dann bereits ausreichen, um ein Gespräch zu beginnen.

Ach, übrigens: Sagen Sie oft „danke"? Sie werden es erleben, genau in solchen Situationen sagt ein Mongole nichts. Situationen, in denen ein Deutscher „danke" sagt, werden von Mongolen meist als selbstverständlich empfunden. Und außerdem: Sagt nicht eine kleine Geste mehr? Antworten wie Dsügeer! (Macht nichts!), Aschgüj dee! (etwa: Wie schön!) und Gajlajlaa! (Glänzend!) sollte man sich merken: Sie bedeuten oftmals ebenso viel wie „Vielen Dank!".

Sicher werden Sie nicht mehr – wie es noch vor einiger Zeit möglich war – den Eindruck gewinnen, dass Mongolen manchmal irgendwie gleichgültig gegenüber Ausländern scheinen. Aber auch ein Lächeln und allzu großes Entgegenkommen kann nicht nur Sympathie bedeuten! Hierzu kennen die Mongolen ein treffendes Sprichwort: *„Nicht jeder, der einen anlächelt, ist ein Freund. Nicht jeder, der zornig dreinschaut, ist ein Feind."*

In der Tat nicht! Mongolei heute – das heißt erneuter Aufbruch, ist das Bestreben, sich auf sein eigenes Woher zu besinnen und einen würdigen Platz in der Welt einzunehmen. Mongolen heute – das sind Nomaden, Araten, Viehzüchter, aber oftmals auch Menschen mit einer Lebensweise und mit Ansichten, die uns bekannt sind, da sie diese nicht selten im Ausland erwarben.

Jemanden zu kennen und bekannt zu sein, bekommt in einem so weiten Land wie der Mongolei den tiefen Sinn, jede Situation meistern zu können. Oder wie die Mongolen sagen:

Taniltaj bol talyn tschinee, ...
Bekannter-7 P Steppe-2 Ausmaß, ...
Wenn jemand (viele) Leute kennt, ist er groß wie die Steppe, ...

... tanilgüj bol algyn tschinee.
... Bekannter-ohne P Handfläche-2 Ausmaß
... kennt man keine Leute, ist man klein wie eine Hand.

Namen & Anrede

Es gibt keine Familiennamen wie im Deutschen. Mongolen haben einen Rufnamen, dem der Name des Vaters nachgestellt wird. Frauen behalten auch nach der Eheschließung den Vatersnamen bei. Luwsangijn Dordsh (wörtl.: „Luwsan-2 Dordsh“) wäre also demnach der Sohn Dordsh des Vaters mit Namen Luwsan. Wie der Vater von Luwsan heißt, ist aus dem Namen seines Enkels schon nicht mehr zu ersehen.

Mongolen reden sich mit ihrem Rufnamen an, dem man entsprechend der Situation guaj („Herr/Frau“) nachstellen kann. Weniger im Gebrauch als noch vor Jahren, aber durchaus nicht unhöflich, ist die Anrede mit nohor („Kollege, Genosse").

Ältere Personen reden jüngere mit tschi (du) an, alte Menschen verbinden dieses „du" oftmals mit minij hüü (mein Sohn) bzw. minij hüühen (meine Tochter). Sollten Sie so angesprochen werden, ist das durchaus ein Ausdruck von Sympathie. Gleichaltrige oder gleichgestellte Leute reden sich untereinander sowohl mit Rufnamem und nachgestelltem guaj an, als auch mit tschi (du), was ein näheres Bekanntsein jedoch vorausetzt. Als Jüngerer ist man der Tradition nach verpflichtet, ältere (oder respektvoll anzusprechende) Personen mit Ta (Sie) anzureden. Ta sagen auch traditionell die Kinder zu Ihren Eltern.

Ist man zu Gast, wird man von den kleineren Kindern einer mongolischen Familie vielleicht mit ahaa (älterer Bruder) oder egtschee (ältere Schwester) angeredet.

Sie selbst machen nichts falsch, wenn Sie vorrangig Ta *(Sie) und* guaj *(Herr/Frau) gebrauchen. Ist Ihr Gesprächspartner gleichaltrig oder jünger, kann zum „du" übergegangen werden.*

Bold guaj	Herr Bold
Tujaa guaj	Frau Tuja
Tujaa	Fräulein Tuja
nöhör Dordsh	Kollege (Genosse) Dordsh
nöhör Tsetseg	Kollegin (Genossin) Tsetseg
professor Dasch guaj	Herr Professor Dasch
doktor Dasch guaj	Doktor Dasch
nöhör professor Dasch	Kollege Prof. Dasch
nöhör doktor Dasch	Kollege Doktor Dasch

Begrüßen

Zur Begrüßung kann rund um die Uhr „Guten Tag" gewünscht werden:

Sajn bajna uu?
gut ist FP
Guten Tag!
(für eine Person)

Sajn bajtsgaana uu?
gut sind FP
Guten Tag!
(mehrere Personen)

Darauf antwortet man dann:

Sajn, sajn bajna uu?
gut, gut ist FP
Danke, guten Tag!

Sonin sajhan juu bajna?
Neuigkeit schön was ist
Was gibt es Neues?

Dsügeer, juumgüj dee.
danke, etwas-nicht P
Danke, nichts Besonderes.

Es entspricht der mongolischen Mentalität, bei diesen Begrüßungsfragen keine schlechten Neuigkeiten zu berichten, auch wenn es einem wirklich mies geht!

Älteren Menschen gegenüber sollte besondere Achtung zum Ausdruck gebracht werden; man begrüßt sie z. B. mit:

Amarhan sajn bajna uu?
leicht gut ist FP
Guten Tag!

Tany lagschin tungalag uu?
Ihr-2 Gesundheit klar(=„wie Wasser") FP
Wie geht es Ihnen?

Als Tourist liegt man mit diesen Grußformeln immer richtig. Die Mongolen jedoch kennen seit altersher eine Vielzahl von Begrüßungen, die sich vor allem bei den Menschen auf dem Lande erhalten haben. Begegnet man sich, werden dort oftmals zuerst eine Reihe von feststehenden Begrüßungsfloskeln gestellt, die sich auf die Gegend, den Beruf, das Wohlbefinden der Familie, die Jahreszeit usw. beziehen.

Einen Viehzüchter kann man während der Begrüßung auch diese Frage stellen.

Mal targana uu?
Vieh fett FP
Ist Ihr Vieh gut bei Futter?

Schon die Begrüßungsfloskeln zeigt Ihrem Gegenüber, ob Sie die Mongolen und ihre Sitten etwas genauer kennen oder nicht. Daher sollte, will man einen Small-Talk beginnen, wenigstens noch gefragt werden:

Mend sajhan bajna uu?
Gesundheit schön ist FP
Wie geht es Ihnen?

Tany adshil amdshiltaj juu?
Ihr-2 Arbeit Erfolg-7 FP
Und was macht die Arbeit?
(„Ist Ihre Arbeit erfolgreich?“)

Dsügeer, sajhan!
danke, schön
Danke, ausgezeichnet!

Amdshiltaj!
Erfolg-7
Erfolgreich (die Arbeit)!

Verabschieden

Wenn Sie sich verabschieden wollen, können Sie das wie folgt ausdrücken:

Bi odoo jawahgüj bol bolohgüj.
ich jetzt gehen-nicht P kann-nicht
Ich muss jetzt leider gehen.

Daraa bajartaj!
danach Wiedersehen-7
Auf baldiges Wiedersehen!

Dsa, odoo bi tsch jawja daa.
gut, jetzt ich schon gehen P
So, jetzt gehe ich. (klingt etwas lockerer)

Der sich Verabschiedene kann nun sagen:

Dsa, (daraa uuldsaltaa) bajartaj!
gut, (danach Treffen-uns) Wiedersehen-7
Danke, auf (baldiges) Wiedersehen!

Sajn suudsh bajgaaraj!
gut wohnen(-d) ist-bitte(!)
Leben Sie wohl!

Der Bleibende könnte erwidern:

Tschi / Ta mödhön irne bids dee.
du / Ihr alsbald kommen P P
Komm / kommen Sie bald wieder!

Sajn jawaaraj!
gute fahren-bitte(!)
Gute Reise!

Beide können jedoch auch folgende Redewendungen gebrauchen:

Nadaas mendijg hürgeerej!
ich-5 Grüße-4 übermitteln-bitte(!)
Grüßen Sie von mir!

Sajn sajhnyg hüs*e!
gut gut-4 wünsche
Alles Gute!

Tschamtaj / Tantaj uuldssandaa ih bajarladsh bajna.
du-7 / Ihr-7 getroffen sehr freuen ist
Ich habe mich sehr gefreut, dich / Sie zu treffen.

Höflich sein, Danken, Wünschen

Es wurden bereits vielfältige Möglichkeiten gezeigt, um höflich einen Wunsch oder eine Bitte auszudrücken. Auch wenn einmal die richtigen Worte fehlen, sollte man ganz und gar auf die Gastfreundschaft der Mongolen vertrauen. Sie erleichtert es dem Touristen, eine Bitte mit reichhaltigen Gesten und vielleicht nur wenigen Worten zu äußern.

höflich sein

Hier einige Formulierungen, die unter Verwendung des Wortes gujh *(bitte) gebildet werden.*

Bi Tanaaas uurschlahyg gujja.
ich Ihr-5 verzeihen-4 bitte
Ich bitte Sie um Verzeihung.

(hün)-ees jum gujh
(Mensch)-5 etwas bitten
von (jemandem) etwas erbitten

Nadad Tanaas gujh jum bajna.
ich-3 Ihr-3 bitten etwas ist
Ich habe eine Bitte an Sie!

Tany gujsan josoor ...
Ihr-2 gebeten Herkommen-5 ...
Gemäß Ihrer Bitte ...

Ta juu genee?
Ihr was sagen
Wie bitte?

Juu genee?
was sagen
Wie bitte?

danken

Bajrlalaa! (sprich: „bajrlaa“)
Danke!

Ih bajrlalaa!
sehr danke
Vielen Dank!

Tschin setgeleesee bajrlalaa!
ganz Herz-5-mein danke
Herzlichen Dank!

Für „Bitte!“ als Antwort auf „Danke!“ sagt man dsügeer!, was eigentlich so viel wie

„Macht nichts!" oder „Nicht so schlimm!" bedeutet und auch Antwort auf eine Entschuldigung sein kann.

Bi Tand (ih) bajrlalaa!
ich Ihr-3 (sehr) danke
Ich bin Ihnen (sehr) dankbar!

Mongolen bedanken sich bei ihren Gastgeber gewöhnlich erst bei der Verabschiedung, dann aber sicher um so herzlicher.

Wofür man sich bedankt, wird den genannten Floskeln vorangestellt, wobei das letzte Wort dieses Satzes, das den Grund ausdrückt, die Beugungsendung -d bzw. -t (3. Fall, Vok!) erhält, z. B.:

Tsetseg ögüülsend ...
Blumen geben-gelassen-3 ...
... für die (übermittelten) Blumen!

wünschen

Auch die Mongolen kennen viele Gründe, um jemandem etwas zu wünschen. Aber kein Wort kann soviel gute Wünsche ausdrücken, wie das Überreichen einer Schale Tee oder gar Milch auf einem Hadag (auch: Chadag), einem himmelblauen Seidentuch. Nachdem man aus der Schale getrunken hat, wird beides – Hadag und Teeschale – dem Gastgeber in gleicher ehrerbietiger Weise zurückgegeben! Worte bedeuten auch viel weniger als „die weißen Speisen" (Milch und alles, was aus Milch zubereitet wird).

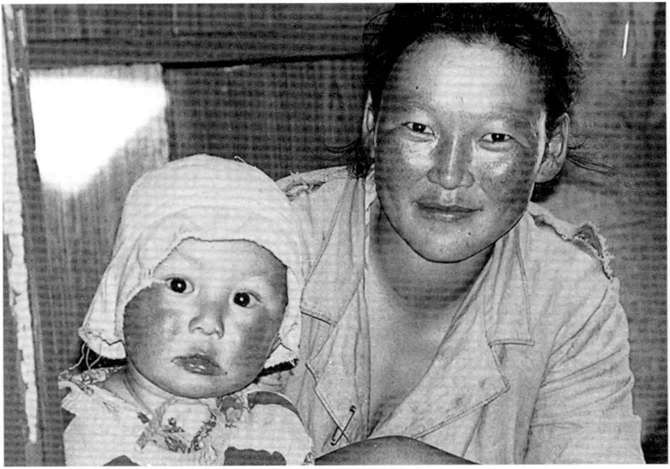

Tand erüül mend hüs*e! (hüs*e sprich „hüsi“)
Ihr-3 Gesundheit wünsche
Ich wünsche Ihnen Gesundheit!

Sajn suugaaraj
gut leben(=sitzen)-bitte(!)
Leben Sie wohl!

Bi Tand ads dshargal hüs*e!
ich Ihr-3 Glück Wohlergehen wünsche
Ich wünsche Ihnen Glück!

Tand tschin setgelijn bajar hurgeje!
(hurgeje sprich „hurgii“)
Ihr-3 ganz Herz-2 Glück wünsche
Ich gratuliere Ihnen ganz herzlich!

In der Symbolik der mongolischen Araten kommt der Milch eine ganz besondere Bedeutung zu: Milch ist als lebensspendendes Getränk das Symbol uneigennütziger Liebe!

Das erste Gespräch

Wie der erste „Small talk" verläuft, hängt sicher sehr von den Umständen des Zusammentreffens ab. Nicht auszuschließen ist, dass Ihr mongolischer Gesprächspartner Ihnen mit perfektem Deutsch ein wenig die Chance nimmt, Ihre gerade erst mühsam erworbenen Mongolischkenntnisse auszuprobieren. Jedoch wird er Ihre Bemühungen, in seiner Muttersprache ein Gespräch zu beginnen, mit Dankbarkeit und Respekt aufnehmen. Vielleicht hat Ihr Gegenüber jedoch gerade die ersten Brocken Englisch gelernt und ist erfreut, einem Europäer in dieser Sprache antworten zu können. So kann es schon vorkommen, dass Sie Ihre ersten mongolischen Sätze erfreut über die Lippen bringen und der Mongole voller Stolz auf Englisch, Französisch, Russisch oder wie auch immer – aber eben nicht auf Mongolisch – antwortet.

Doch zeugen nicht auf diese Weise begonnene Gespräche oftmals von gegenseitiger Anerkennung und Achtung? Vielleicht setzt sich ein solches Gespräch nach der Begrüßung mit folgenden oder ähnlichen Sätzen fort:

Ta end udadsh bajna uu?
Ihr hier lange ist FP
Sind Sie schon lange hier?

Ugüj, bi büten sajn ödör / sajahan / öngörsen doloo honogt irsen.
nein, ich ganz gut Tag / gerade / vergangen sieben Tag-und-Nacht-3 gekommen
Nein, ich bin am Sonntag / gerade / letzte Woche (an)gekommen.

Tand end jamar sanagdadsh bajna?
Ihr-3 hier was-für denken ist
Wie gefällt es Ihnen hier?

Nadad end sajhan sanagdadsh bajna.
ich-3 hier schön vorkommen(-d) ist
Mir gefällt es hier gut.

Tschinij / Tany ner hen be?
du-2 / Ihr-2 Name wer FP
Wie heißt du / heißen Sie?

Etwas vornehmer gefragt lautet diese Frage:

Tany aldar hen gedeg we?
Ihr-2 Name wer genannt FP
Wie heißen Sie?

Minij ner ...
ich-2 Name ...
Mein Name ist ...

Namajg ... gedeg.
ich-4 ... nennen
Man nennt mich ...

Tany ner hen gesen bilee?
Ihr-2 Name wer genannt P
Und wie heißen Sie?

Bi Tantaj ... guajd taniltsuuldsh bolohson bolob uu?
ich Ihr-7 ... Herrn-3 bekannt-machen(-d) geschehen möglich FP
Gestatten Sie, dass ich Sie Herrn ... vorstelle?

Aan dsa!
(etwa:) Sehr angenehm! (Antwort)

Bi Tantaj taniltssandaa ih taataj bajna.
ich Ihr-7 bekannt-sein sehr angenehm ist
Sehr angenehm, Sie kennengelernt zu haben.

Tschi / Ta haanaas irsen be?
du / Ihr wo-5 gekommen FP
Woher kommst du / kommen Sie?

Bi Germanaas/Awstrias/Schwejtsaaras irsen.
ich Deutschland-5/Österreich-5/Schweiz-5 gekommen
Ich komme aus Deutschland/Österreich/der Schweiz.

Bi german/awstr/schwejtsar hün (bajna).
ich deutsch/österreichisch/schweizer Mensch (bin)
Ich bin Deutscher/Österreicher/Schweizer.

Tschi / Ta haana adshiladag we?
du / Ihr wo arbeiten FP
Wo arbeitest du / arbeiten Sie?

Bi ... (+ 3. Fall) **adshiladag bajna.**
ich ...-3 arbeite bin
Ich arbeite ...

dsotschid buudald	im Hotel
delgüürt	in einem Geschäft
jamand	in einem Ministerium
(deed) surguul*d	in einer (Hoch-)Schule
bankny salbart	in einer Bankfiliale
adsh üjldwert	in der Industrie
barilgad	auf dem Bau
towtschoond, hontoort	im Büro

Tschi / Ta jamar meregdshiltej we?
du / Ihr was-für Beruf-7 FP
Welchen Beruf hast du / haben Sie?

Bi ... bajna. *ich ... bin*	Ich bin ...
alban haagtsch	Angestellte(r)
adshiltschin	Arbeiter(in)
ih emtsch	Arzt / Ärztin
tariatschin	Bauer / Bäuerin
indshener	Ingenieur(in)
suwilagtsch	Krankenschwester
bagsch	Lehrer(in)
tetgewer awagtsch	Rentner(in)
suragtsch	Schüler(in)
ojuutan	Student(in)
dshuultschin	Tourist(in)
hudaldagtsch	Verkäufer(in)
erdemtem	Wissenschaftler(in)

Tschi/Ta hedtej we?
du/Ihr wieviel-7 FP
Wie alt sind Sie?

Bi hor*toj/dötschin tawtaj.
ich zwanzig-7/vierzig fünf-7
Ich bin 20 / 45 Jahre alt. (umgangssprachl.)

Tijm uu? – Bid tschatsuu.
ja FP – wir gleichaltrig
Ach ja? – Dann sind wir gleichaltrig.

Bi gutschin nastaj bolno.
ich dreißig Jahr-7 werden
Ich werde 30 Jahre alt.

Die nächsten beiden Fragen bedeuten beide „Sind Sie verheiratet?“, jedoch richtet man die erste Frage an einen Mann, die andere an eine Frau.

Ta ehnertej juu?
Ihr Ehefrau-7 FP
Haben Sie eine Frau?

Ta nöhörtej juu?
Ihr Ehemann-7 FP
Haben Sie einen Mann?

Dsa, bas hojor hüühedtej.
ja, auch zwei Kinder-7
Ja, und ich habe auch zwei Kinder.

Unterwegs

Unterwegs sein – dies sagt schon alles! In der Mongolei wird für einen Europäer jede noch so kurze Fahrt außerhalb der Städte Ulaanbaatar, Darhan und Erdenet zu einem Erlebnis besonderer Art. Einerseits hinterlassen die unvorstellbare Weite des Landes, reizvolle Täler, bizarre Schluchten, aber auch die gewaltigen Berge der Mongolei einen unvergesslichen Eindruck. Andererseits sind es die wenigen Straßen, ausgefahrenen Pisten und zu entdeckenden Wege der Steppe, die einem immer wieder voller Respekt an jeden zurückgelegten Kilometer denken lassen.

Sind bei diesen, manchmal recht abenteuerlichen Fahrten, Jurten zu sehen, oder ist man während einer Rast gar zu Gast, erlebt jeder Mongolei-Reisende Landeskunde auf eine besonders schöne Art und Weise.

... zu Fuß in Ulaanbaatar

Im Stadtzentrum kann man die meisten Sehenswürdigkeiten, die Hauptpost, die Banken und die Hotels „auf Schusters Rappen" gut und schnell erreichen.

Bi ... üdsmeer bajna.
ich ... sehen-mögen ist
Ich möchte gerne ... sehen / besuchen.

... haa bajna?
... wo ist
Wo befindet sich ...?

Für Touristen stehen fast immer Fahrzeuge der Hotels oder der Reisebüros zur Verfügung.

höschöö	Denkmal
mudsej	Museum
hotyn dsahirgaany bajschin *Stadt-2 Administration-2 Haus*	Rathaus
„Gandan“ hid	Gandan-Kloster (in Ulaanbaatar)
lawlah towtschoo *nachfragen Büro*	Auskunftsbüro
hotyn töw *Stadt-2 Zentrum*	Stadtzentrum
hotyn dsurag *Stadt-2 Bild*	Stadtplan

Ta ... jawah heregtej!
Ihr .. gehen müssen
Sie müssen ... gehen!

baruun gar tald	rechts
baruun gar tiischee	nach rechts
dsünn gar tald	links
dsüün gar tiischee	nach links
tschigeeree	geradeaus
uragschaa	vorwärts, nach vorne
hojsch	zurück
ar tiischee	nach hinten

Bid nar odoo haa bajna we?
wir Mz jetzt wo ist FP
Wo sind wir jetzt?

Ta üünijg hotyn dsurag deer dsaadsh üdsüülne üü?
Ihr das-4 Stadt-2 Bild auf zeigen(-d) sehen-lassen FP
Zeigen Sie das bitte auf dem Stadtplan.

Hier noch eine kleine Orientierungshilfe für Ulaanbaatar: Das wunderschöne Bergmassiv des „Bogd uul", an dessen Fuße sich die Stadt in Längsrichtung ausdehnt, liegt im Süden.

... mit dem Bus

Hauptverkehrsmittel sind Busse. Bezahlen kann man ausschließlich beim Schaffner, der den Fahrschein auch entwertet. Fahrkartenautomaten gibt es nicht.

awtobus; trollejbus	Bus; Trolleybus
awtobusny dsogsool *Autobus-2 Haltestelle*	Bushaltestelle
biljet	Fahrkarte
tereg solih *Wagen wechseln*	umsteigen
buuh; a.: **schildshih**	aussteigen

Awtobusny dsogsool haa bajna?
Autobus-2 Haltestelle wo ist FP
Wo ist die Bushaltestelle?

... (+ 3. Fall) **ruu jadsh hüreh we?**
...-3 nach wie erreichen FP
Wie komme ich zum/nach ...?

Für eine Fahrt, egal welche Linie und wie viele Stationen, wird in Ulaanbaatar z. Z. immer noch ein einheitlicher Fahrpreis bezahlt.

... (+ 3. Fall) **ruu jawah biljet jamar ünetej we?**
...-3 nach fahren Fahrkarte wieviel Preis-7 FP
Wie viel kostet eine Fahrkahrte nach ...?

Ene awtobus haaschaa jawah we?
dies Bus wohin fährt FP
Wohin fährt dieser Bus?

Bi haana schildshidsh we?
ich wo umsteigen FP
Wo muss ich umsteigen?

Bi ...(+3.F.) **jawahdaa haana buudsh boloh we?**
ich ...-3 fahren-um-zu wo aussteigen(-d) werden FP
Wo muss ich aussteigen, um nach ... zu kommen?

Ta suu daa!
Ihr setzen P
Bitte setzen Sie sich!

... mit dem Taxi

Eine Taxifahrt kann schon mal ein „kleines Erlebnis" werden. So ist es z. B. nicht ungewöhnlich, dass andere Fahrgäste unterwegs zusteigen. Der Taxipreis sollte vor der Fahrt erfragt oder „ausgehandelt" werden. Taxameter gibt es nicht. Trinkgeld ist ein Thema für sich; denn meist wird einem Ausländer sowieso ein „runderer" Preis als einem Einheimischen genannt. Natürlich kann dann als Trinkgeld noch etwas „draufgelegt" werden.

Taksi! Ta sul uu?
Taxi Ihr frei FP
Taxi, sind Sie frei?

Endees töw hürtel jamar üntej we?
hier-5 Innenstadt bis was-für Preis-7 FP
Wie viel kostet es von hier bis ins Zentrum?

Namajg niseh ongotsny buudald (ruu) hürgedsh ögöötsch!
ich-4 Flughafen-3 (nach) erreichen(-d) geben
Fahren Sie mich zum Flughafen!

Das Fahrziel, welches in diese Satzkonstruktion eingesetzt wird, wird im 3. Fall gebeugt. Um jedoch absolut sicher zu gehen, kann der Zielangabe der Richtungsanzeiger ruu/rüü (Vok!) nachgestellt werden.

Bi Tand hojor dsuun tögrög ögnö.
ich Ihr-3 zwei hundert Tugrik geben
Ich zahle Ihnen 200 Tugrik.

Ta dsogsono uu?
Ihr halten FP
Halten Sie bitte an!

Bi end buuja!
ich hier aussteigen
Ich steige hier aus!

... mit dem Zug

Zwischen Ulaanbaatar und den größeren Städten im Norden, wie Erdenet, Darhan, Hutul, in Richtung Sibirien sowie Sajnshand im Süden des Landes und nach China, gibt es

Eisenbahnverbindungen. Fahrkarten und Platzkarten – egal ob Inlandverkehr oder internationale Züge – sind generell vor Fahrtantritt zu erwerben.

Meist fahren Züge von Ulaanbaatar aus einmal am Tag in die genannten Richtungen.

galt tereg *Feuer-3 Wagen*	Zug
hurdan galt tereg *schnell Feuer-3 Wagen*	Schnellzug
suudalyn galt tereg *Sitze-2 Feuer-3 Wagen*	Personenzug
untlagyn wagon *Schlaf-2 Waggon*	Schlafwagen
wagon-restoran *Waggon-Restaurant*	Speisewagen
biljet / tasalbar	Fahrkarte
platskart *Platzkarte*	Platzkarte
ireh otschihyn biljet *kommen-2 Fahrkarte*	einfache Fahrt (nur Hinfahrt)
butsah biljet *zurückfahren Fahrkarte*	Rückfahrkarte
negdügeer dsergijn wagon *erste Klasse-2 Waggon*	1. Klasse
hojordugaar dsergijn wagon *zweite Klasse-2 Waggon*	2. Klasse
tsagijn huwiar *Zeit-2 Verzeichnis*	Fahrplan
ireh	Ankunft; ankommen
jawah	Abfahrt; abfahren

... hürtel negdügeer/hojordugaar dsergijn wagony biljet ögnö üü?
... bis erster/zweiter Klasse-2 Waggon-2 Fahrkahrte geben FP
Bitte einmal 1. Klasse / 2. Klasse nach ...

Butsah biljetijn hamt ögnö üü?
zurück-fahren Fahrkarte-2 zusammen geben FP
Mit Rückfahrkarte, bitte!

Ulaanbaatraas ireh galt tereg hedsee ireh/jawah we?
Ulaanbaatar-5 kommen Feuer-3 Wagen wann kommt/abfährt FP
Wann kommt / fährt der Zug aus Ulaanbaatar ab?

Haana tereg solih we?
wo Wagen wechseln FP
Wo muss ich umsteigen?

... mit dem Flugzeug

Der Flughafen von Ulaanbaatar, Buyant Uhaa, ist sowohl internationaler als auch Inland-Flughafen. Von hier verkehren seit Jahren Flugzeuge nach Peking, Moskau und Irkutsk. Neue Linien in die Zentren Europas und Asiens sind im Gespräch. Von Buyant Uhaa aus kann man recht preiswert alle Aimak-Zentren (Bezirkszentren) und die meisten Somone (Kreise) anfliegen.

Auf dem Flughafen ist sowohl beim Zoll als auch bei der Abfertigung eine Verständigung auf Mongolisch, Englisch, Russisch oder Chinesisch möglich.

niseh ongots *fliegen Trog*	Flugzeug
niseh ongotsny buudal *fliegen Trog-2 Station*	Flughafen
niseh	Abflug; abfliegen
buuh	Landung; landen
niseh ongotsny jawah tsag *fliegen Trog-2 fahren Zeit*	Flugzeit

MIAT ist die mongolische Fluggesellschaft.

MIAT-ijn hotyn gadsar haa bajna (we)?
MIAT-2 Stadt-2 Büro wo ist (FP)
Wo ist das Stadtbüro der MIAT?

Moskwad ruu jawah niseh ongotsny neg biljet bürtgedsch ögöötsch.
Moskau-3 nach fahren Flugzeug ein Ticket registrieren geben-bitte
Bitte buchen Sie ein Ticket nach Moskau!

Neg kilo iluu atschaa jamar ünetej we?
ein Kilo mehr Gepäck was-für Preis-7 FP
Wie viel kostet ein Kilo Übergepäck?

Ongots hedijd hödlöh we?
Flugzeug wann in-Bewegung-kommen FP
Wann fliegt das Flugzeug?

... mit dem Auto

Ob auf Schusters Rappen oder als motorisierter Tourist – im weiten Land, wo einem manchmal stundenlang keiner Menschenseele begegnet, fährt man einfach drauf los. Hauptsache, die Richtung stimmt so einigermaßen! Es ist jedoch angebracht, mit einem mongolischen Begleiter durch die Ferne zu streifen. Ansonsten kann es schon mal passieren, dass man sein Ziel vielleicht nur so um 20-50 km verfehlt.

Die Verkehrsschilder in der Mongolei sind dem internationalen Standard angepasst, so dass ein Europäer kaum Schwierigkeiten haben wird. Das internationale Kennzeichen für Kraftfahrzeuge aus der Mongolei lautet „MON".

Bi neg maschin tür awmaar bajna.
ich ein Auto zeitweilig nehmen-mögen ist
Ich möchte ein Auto mieten.

Maschin tür awahad jamar üntej we?
Auto zeitweilig nehmen-3 was-für Preis-7 FP
Wie viel kostet es, ein Auto zu mieten?

Jaadsh Erdenet ruu oroh we?
wie Erdenet nach kommen FP
Wie kommt man nach Erdenet?

Bi dsamaasaa töörsön.
ich Weg-5-mein verirrt
Ich habe mich verirrt.

Endees Tereldsh hir hol we?
hier-5 Terelsch wie weit FP
Wie weit ist Terelsch von hier?

Ene bol heden kilometr bajna be?
das P wieviel Kilometer ist FP
Wie viele Kilometer sind das?

Daraagijn hot / suurin / uul / gol n* jamar nertej bajna we?
nächste-2 Stadt / Siedlung / Berg / Fluss P was-für Name-7 ist FP
Wie heißt die nächste Stadt / Siedlung / der nächste Berg / Fluss?

Minij maschin suutschihsan.
ich-2 Auto sitzen-gelassen
Ich habe eine Panne. (umgangssprachlich)

Bi maschinijn osold ortschihloo.
ich Auto-2 Unfall-3 gekommen
Ich hatte einen Autounfall.

Ta üünijg dsasadsh ögtsch tschadah uu?
Ihr das-4 reparieren geben(-d) können FP
Können Sie das reparieren?

Oftmals hört man für „Tankstelle“ auch bendsiny kolonka.

Dsaswaryn gadsar / schatahuun olgoh gadsar haa bajna (we)?
Reparatur-2 Station / Kraftstoff ausgeben Stelle wo ist (FP)
Wo ist eine Werkstatt / Tankstelle?

In Ulaanbaatar, den anderen Städten und in den meisten Ansiedlungen ist es möglich, sein Auto aufzutanken. Die Tankstellen führen üblicherweise 76-er Benzin-Gemisch (bendsin dalan dsurgaa). An einigen Stellen ist auch Dieselkraftstoff erhältlich. Unterwegs kann Tanken jedoch zu einem Problem werden, wenn weit und breit nichts anderes zu sehen ist als endlose Weite. Dann hilft nur zu warten, bis ein anderes Fahrzeug kommt.

bendsin (dalan dsurgaa)	Benzin
didsel*	Diesel
tos, maslo	Öl
tschireh ols	Abschleppseil
tujwan gol	Achse
hödölgögtsch	Anlasser
jandan	Auspuff
batareja	Batterie
ergelt dsaah dohio(n)	Blinker
toormos	Bremse
iluu heregsel	Ersatzteil
araa	Gang
gaadsny gischguur	Gaspedal
damdschuulga	Getriebe
alh	Hammer
kabel	Kabel
schaantar remen*	Keilriemen
hörguur	Kühler
hörguur üs	Kühlflüssigkeit
holboo	Kupplung
dsholoo	Lenkung
motor	Motor
motoryn gemtel	Motorschaden
ereg	Mutter

duguj	Reifen
hooloj	Schlauch (zum Benzinabfüllen)
schurag, schrub	Schraube
tajlagtsch, tulhuur	Schraubenzieher
maschiny urd gerel	Schweinwerfer
gal hamgalagtsch	Sicherung
karbjurator	Vergaser
maschin örgötsch	Wagenheber
bah*	Zange
bahintsar	(kleine) Zange

tschire-	abschleppen
dsas-	reparieren, flicken
dsasuul-	reparieren lassen
gagn-	schweißen

Himmelsrichtungen

Die mit (*) gekennzeichneten Formen sind umgangssprachlich!

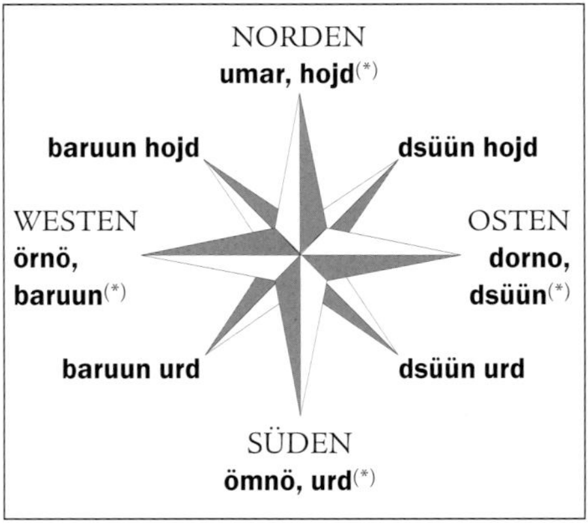

empfehlenswerte Reiseziele

Darhan Дархан хот

Stadt im Norden der Zentralmongolei, Industriezentrum, reiche Natur; von Ulaanbaatar erreichbar mit Flugzeug, Auto, Eisenbahn.

Erdenet Эрдэнэт хот

Stadt im Norden der Zentralmongolei, Zentrum des Erzbergbaus, von Ulaanbaatar erreichbar mit Flugzeug, Auto, Eisenbahn.

Dsuun Mod Зуун Мод

Kleine Stadt unweit von Ulaanbaatar (südl.); in der Nähe Klostermuseum-Ruine; von Ulaanbaatar erreichbar mit dem Auto.

Terelsch Тэрэлж

Touristenstation; ca. 70 km von Ulaanbaatar, einmalig schöne Gegend; von Ulaanbaatar erreichbar mit dem Auto.

Harhorin/Erdene Dsuu Хархорин/Зрдэнэ Зуу

ehemalige Residenz mongolischer Herrscher; sehr schönes Klostermuseum; von Ulaanbaatar erreichbar mit Flugzeug, Reststrecke mit dem Auto.

Sajnshand Сайншанд

Eisenbahnstation in der Wüste Gobi; Touristencamp; von Ulaanbaatar erreichbar mit Flugzeug, Eisenbahn, Auto.

Auf dem Land

Viehzucht ist seit altersher die Lebensgrundlage der mongolischen Nomaden. Tief verwurzelt war die Lehre des Lamaismus, der nördlichen Form des Buddhismus, die es für sündhaft erklärte, den Erdboden - das Antliz Buddhas - aufzubrechen. So war Ackerbau noch zur Mitte dieses Jahrhunderts in der Mongolei nicht allzu sehr verbreitet. Heute ringt man dem Boden mühsam Getreide, Kartoffeln, Gemüse und mancherorts auch Obst ab. Prägend für das Leben auf dem Land ist jedoch nach wie vor die Viehwirtschaft. Wen verwundert es da, wenn die mongolische Sprache Nuancen für Tierbezeichnungen, vor allem für das Großvieh (bod mal) - Schafe, Pferde, Kamele, Rinder und Ziegen - kennt, die unsereins kaum erahnt, geschweige denn mit Worten ausdrücken kann.

Auf dem Land erkundigt man sich nach dem Zustand der Herden, der Jungtiere, dem Futtervorrat für den Winter und - falls die Tiere gerade über das Land getrieben werden - nach dem Woher und Wohin.

Tanaj aild / brigad tschuham jamar maltaj we?
Ihr-2 Ail-3 / Brigade-3 eigentlich was-für Vieh-7 FP
Was für Vieh hat Ihre Familie / Brigade eigentlich?

Manaj aild ... bi.
wir-2 Ail-3 ... ist
Unsere Familie hat ...

Töl mend üü?
Jungvieh gesund FP
Wächst das Jungvieh gesund auf?

Malyn haschaa ih bajna uu?
Vieh-2 Unterkunft viele ist FP
Haben Sie viele Viehunterkünfte?

Vielleicht werden Sie auch gefragt:

Ta mor* unah durtaj juu?
Ihr Pferd reiten gern-wollen FP
Möchten Sie gerne reiten?

emeel	Sattel
hadsaar	Zaumzeug
dsholoo	Zügel
döröö	Steigbügel
tuschaa	Pferdefesseln
taschuur	mongolische Pferdepeitsche
tohom	Satteldecke
uurga	Stange zum Pferdefangen
aduu	Pferde (allg. Bezeichg.)
mor*	Pferd, Ross
guu	Stute
adsraga	Hengst
agt	Wallach
unaga	einjähriges Fohlen
daaga	zweijähriges Fohlen
unagalah	fohlen

Die stärker hervorgehobenen Bezeichnungen sind Oberbegriffe.

hon*	Schaf
em hon*	weibliches Schaf
er hon*, irge	Hammel
huts	Widder
tölög	volljähriges Lamm
hurag	Lämmchen
töllöh	lammen
jamaa	Ziege
er jamaa	Ziegenbock
serh	kastrierter Bock
ischig	Zicklein
ischigleh	werfen
üher	Rind, Kuh
schar	Ochse
büh	Stier
tugal	Kalb
tugallah	abkalben
temee	Kamel
at	kastriertes Kamel
botgo	Kamelfohlen

Ihr Gastgeber wird es sicher als schöne Aufgabe betrachten, Ihnen diese „kleinen", aber für den Viehzüchter so wichtigen Unterschiede zu erläutern. Wissen Sie z. B., ob es im Deutschen eine Bezeichnung für ein 12-15-jähriges weibliches Kamel gibt? Im Mongolischen heißt dieses **inge**.

Übernachten

Das Übernachten ist in der Mongolei für einen Traveller kein Problem. Ist man unterwegs, klärt sich die Sache meist auch von selbst: Entweder ist im Reisegepäck ein Zelt, oder der mongolische Begleiter kennt irgendwo irgend jemanden „ganz in der Nähe", wo man Unterschlupf für eine Nacht finden kann, oder aber man begibt sich in die schützenden Hände von Mutter Natur.

In den Städten, den Somon-Zentren (Zentren eines Kreises) und in vielen Siedlungen gibt es Hotels, Gästehäuser oder zumindest Gästezimmer. Hotelstandard wie in Europa sollten Sie jedoch nicht erwarten.

dsotschid buudal	Hotel, Gasthaus
guandstaj buudal	Gasthof
amraltyn gadsar	etwa: Touristenstation
majhan	Zelt
ger	Jurte
hon-	übernachten
suu-	wohnen
majhand suu-	zelten

Dsotschid buudal haana bajdag jum we?
Gäste Station wo ist P FP
Wo ist (denn) ein Hotel?

... awtsch boloh uu? *... nehmen können FP*	Kann ich ... haben?
neg hünij tasalgaa *ein Mensch-2 Zimmer*	ein Einzelzimmer
hojor hünij tasalgaa *zwei Mensch-2 Zimmer*	ein Doppelzimmer
haluun üstaj öröö *warm Wasser-7 Zimmer*	ein Zimmer mit Bad

Öröö honogt jamar ünetej we?
Zimmer Nacht-3 was-für Preis-7 FP
Wie viel kostet das Zimmer für eine Übernachtung?

Ta hed honoh we?
Ihr wieviel Tag-und-Nacht FP
Wie lange bleiben Sie?

Bi / bid nar margaasch jawna.
ich / wir Mz morgen fahren
Ich reise / wir reisen morgen ab.

Bi gurwan ödör / doloo honoh bajh aa.
ich drei Tag / sieben Tag-und-Nacht bleiben P
Ich werde voraussichtlich drei Tage / eine Woche bleiben.

Namajg doloon tsagd sereegeerej.
ich-4 sieben Zeit-3 wecken-bitte(!)
Bitte wecken Sie mich um 7 Uhr.

Dsoogijn gadsar haana bajna we?
Speise-2 Raum wo ist FP
Wo befindet sich der Speiseraum?

Tootsoogoo awah uu?
Rechnung-meine nehmen FP
Kann ich meine Rechnung haben?

Essen & Trinken

Ein Ausländer wird in der Mongolei wohl meistens im Hotel (dsotschid buudal), in einem Restaurant (restoran), vielleicht aber auch in einem Imbisslokal (guands) essen.

im Restaurant

Außer den typisch mongolischen Speisen werden Speisen/Getränke auch an Europa erinnern. Seit einiger Zeit kann man in Ulaanbaatar auch wieder Chinesisch essen. Die Speisekarten in den Hotels, manchmal auch in Restaurants, sind meistens mehrsprachig, so dass es kaum Probleme geben wird.

Hoolny tses awtschirtsch ögöötsch!
Speise-2 Karte bringen(-d) geben-bitte(!)
Bringen Sie mir bitte die Speisekarte!

Bi ... idmeer bajna.
ich ... essen-möchte bin
Ich möchte ... essen.

Bi ... umaar bajna.
ich ... trinken-möchte bin
Ich möchte ... trinken.

In diese Sätze kann man die Speisen, Spezialitäten bzw. die Getränke aus den folgenden Listen einsetzen.

Dahidsh jum dsahih uu?
nochmal Sache bestellen FP
Darf es sonst noch etwas sein?

Ta ... bas ögnö üü?
Ihr ... auch geben FP
Bringen Sie uns bitte noch ...

Dsügeer, bi sajhan tsadlaa.
danke, ich schön gesättigt
Danke, ich bin satt.

Bi üünijg dsahialaagüj.
ich dies-4 bestellte-nicht
Ich habe das nicht bestellt.

Bi ... dsahisan.
ich ... bestellte
Ich habe ... bestellt.

Ih sajhan amttaj bajlaa!
sehr schön Geschmack-7 gewesen
Es hat sehr gut geschmeckt!

Dsöögtschöö, tootsoogoo hije.
Kellner, Rechnung-4-mein machen
Kellner, meine Rechnung, bitte.

Speisen & Getränke

öglöönij hool	**Frühstück**
talh	Brot
tsagaan talh	Weißbrot
maslo	Butter
öndög	Ei
omlet	Omelett
bal	Honig
ddshem	Marmelade
bjaslag	Käse

üdijn hool	**Mittagessen**
mah	Fleisch
honiny mah	Schafsfleisch
ührijn mah	Rindfleisch
gahajn mah	Schweinefleisch
tugalyn mah	Kalbsfleisch
tahiany mah	Hühnerfleisch
schaschlyk	Schaschlik
schnitsel*	Schnitzel
schöl	Suppe
har schöl	Bouillon
tömstej schöl	Kartoffelsuppe
nogootoj schöl	Gemüsesuppe
guriltaj schöl	Nudelsuppe
bajtsaataj schöl	Kohlsuppe
töms	Kartoffeln
gojmon	Nudeln
tsagaan budaa	Reis
nogoo	Gemüse
pomidor	Tomaten
ogurtsy	Gurken
bajtsaa	Kraut
möög	Pilze
songino	Zwiebeln
orojn hool	**Abendbrot**
scharsan töms *gebraten Kartoffel*	Bratkartoffeln
bifschtek	Beefsteak
hiam	Wurst
scharsan öndög *gebraten Ei*	Spiegelei

amtat dsuusch	**Nachspeise**
morodshen	Speiseeis
boow	Gebäck
dshims	Obst
tarag	Joghurt
uuschny dsüjls	**Getränke**
raschaan (us)	Mineralwasser
unda, limonad	Brause
dshimshij us	Fruchtsaft
... kofe / ... tsaj	Kaffee ... / Tee ...
süütej ...	... mit Milch
süü	Milch
ajrag	Kumys
tarag	Joghurt
piwo	Bier
ulaan dars	Rotwein
tsagaan dars	Weißwein
portwejn	Portwein
kon*jak	Cognac
hoolny hereglel	**Gedeck**
tawag	Teller
ajaga	Tasse
schilen ajaga *Glas-2 Tasse*	Glas
seree	Gabel
halbaga	Löffel
hutga	Messer

Kumys *wurde bei großen Festen in Holzbottichen ausgeschenkt.*

mongolische Spezialitäten

Hier eine kleine Auswahl aus der mongolischen Küche, die heute noch nach Steppe und dem Nomadenleben der Mongolen duftet.

Ajrag	Айраг
Wird aus Stutenmilch hergestellt und ist in Europa weitläufig als Kumys bekannt. Abgesehen von der Heilkraft, die man diesem würzigen und wohlschmeckendem Getränk zuspricht, ist es vor allem bei +40 C eine willkommende Erfrischung. Aber Vorsicht, auch hier gilt: Lieber weniger ... Als nette Geste an den Gastgeber wird es empfunden, wenn man einen kleiner Rest Ajrag in der Trinkschale übrig lässt. Die oftmals auch angenehme Nebenwirkung ist, dass dann nicht so schnell nachgeschenkt wird.	
Aaruul	Ааруул
Sollte man probieren! Süßer bis herber Snack, der aus Rinder-, Ziegen- oder Kamelmilch hergestellt wird. (Löscht auch den Durst.)	
Buuds	Бууз
Mongolisches Nationalgericht, besteht aus gehacktem Fleisch und Gewürz in Mehlteigtaschen. Buuds werden in Wasserdampf gegart. (Sehr zu empfehlen!)	
Boodog	Боодог
Murmeltier- oder Ziegenfleisch; sehr schmackhaft mit Zwiebeln, Salz und Gewürzen. Gegart wird auf heißen Steinen.	
Boortsog	Боорцог
Einfacher Teig aus Wasser, Mehl, Butter, Salz und manchmal etwas Zucker, der zu kleinen Portionen gerollt und in Öl knusprig gebaken wird.	

Bei der Zubereitung von Boodog *zuzuschauen, ist etwas für „Abgehärtete".*

Mah	Мах
Mah heißt einfach „Fleisch“, unabhängig von der Zubereitungsart.	
Mantuu	Мантуу
Wie Hefeklöße; wird zu Fleischgerichten oder Suppe gereicht.	
Nermel arhi	Нэрмэл Архи
Mongolischer Milchschnaps, der zunächst harmlos ist, dann aber umso besser wirkt.	
Öröm	Өрөм
Butterrahmen; hergestellt auf echt mongolische Art – wird als kleine „Leckerei“ zum Tee gereicht.	
Süütej tsaj	Суутэй Цай
„Tee mit Milch“ – schmeckt überall anders. Manchmal schmeckt er wie Suppe, und eine Prise Salz fehlt nie!	
Tsagaan idee	Цагаан Идээ
Die „weißen Speisen“ (alles, was aus Milch zubereitet wird), also Aruul, Bjaslag (Käse) u. a.	

in der Bar

Hier sind Ausländer weitgehend unter sich! Geht's in eine der wenigen Bars von Ulaanbaatar, sollte man Valuta (am besten US-Dollar) bei sich haben.

Dsa, uutsgaaja!
nun, trinkt(!)
Prost!

Tanij erüül mendijn tölöö.
Ihr-2 Gesundheit-2 für
Auf Ihr Wohl!

Tiischee otschih uu?
dorthin kommen FP
Setzen wir uns dorthin!

Tanyg uridsh boloh uu?
Ihr-4 einladen dürfen FP
Darf ich Sie einladen?

Einkaufen

Zum Einkaufen muss man Zeit haben! Oftmals lohnt sich ein Gang von Laden zu Laden, um zu sehen, was es gibt und was nicht. Dabei aber bitte nicht nur die Valuta-Shops ins Auge fassen! Schauen Sie ruhig mal in einen mongolischen Laden! Kaufangebote auf der Straße sollte man als Tourist mit großer Vorsicht genießen: Meist zahlt man kräftig drauf.

Achtung: Oberstes Prinzip beim Einkaufen im Kaufhaus oder in größeren Läden ist folgende Reihenfolge: zuerst seine Ware aussuchen, danach zur Kasse gehen und bezahlen, anschließend mit dem Kassenbon zurück zur hudaldagtsch, also der Verkäuferin am betreffenden Stand, die die Ware aushändigt. Vorher aber gibt es noch etwas Arbeit: Denn an der Kasse ist jeder Preis, dazu die Menge, die man kaufen will, und der Verkaufsstand, bei dem die Ware ausliegt, extra zu benennen! In größeren Läden gibt es manchmal Schilder, die die Stände bezeichnen. Hilfreich ist der folgende Satz beim Einkauf:

Kauft man Andenken, wie z. B. kleine Kunstgegenstände, Bilder, Lederwaren usw., ist es ratsam, die Quittung für die Zollkontrolle bei der Ausreise aufzuheben.

Uutschlaaraj! Ene jumny ner, ünijg bitschidsh ögöötsch.
entschuldigen-bitte(!) dies Sache-2 Namen-4, Preis-4 schreiben(-d) geben-bitte(!)
Entschuldigung! Bitte schreiben Sie mir den Namen und den Preis von dieser Sache (hier) auf.

Die Mühe lohnt sich. Hat man die „Verkaufsprozedur“ als Tourist einigermaßen elegant gemeistert, kommt es oftmals schnell zu einem Gespräch, bei dem man seine Mongolischkenntnisse bestimmt erweitern kann. Und für das „Kauderwelsch“ des Ausländers gibt es garantiert ein kleines Kompliment.

delgüür	Geschäft
ih delgüür *groß Geschäft*	Kaufhaus
muhlag	Kiosk
dsah dseel	Markt
najmaatschin	Händler
hudaldagtsch	Verkäufer
hudaldan awagtsch	Käufer
baraa	Ware

...haanaas awtsch boloh we?
... wo-5 nehmen(-d) werden FP
Wo kann man ... kaufen?

Tanajd...bij juu?
Ihr-3 ... ist FP
Haben Sie ...?

Ta nadad ... ogootsch!
Ihr ich-3 ... geben-bitte(!)
Bitte geben Sie mir ...!

Nadad...üdsüüleetsch!
ich-3 ... zeigen-bitte(!)
Zeigen Sie mir bitte ...!

usan budgijn dsurag *Wasser-2 Farbe-2 Bild*	Aquarell
hüdsüüwtsch	Halskette
garyn tsünh *Hand-2 Tasche*	Handtasche
güts	mongol. Teekanne

sawhin beelij *Leder-2 Handschuh*	Lederhandschuhe
nooson tsamts *Wolle-2 Hemd*	Pullover
oroolt	Schal
morin huur *Pferd-2 Geige*	mongol. Pferdegeige
dsuragtaj nom *Bild-7 Buch*	Bildband
sawhin tsamts *Leder-2 Hemd*	Lederjacke

Ene jamar ünetej we?
dies wieviel Preis-7 FP
Wie viel kostet das?

Dsa, aw*ja.
ja, nehmen
Ja, ich nehme das.

Ene dendüü unetej bajna.
dies zuviel Preis-7 ist
Das ist viel zu teuer!

Üünees hjamdhan bajhgüj juu?
das-5 billig sein-nicht FP
Haben Sie nichts Billigeres da?

Bevor man den Artikel mitnehmen kann, gibt man an der Kasse den Artikel, Preis und die Abteilung an, z. B.:

Talh, arwan tögrög, hojordugaar tasagt.
Brot, zehn Tugrik, zweite Abteilung-3
Ein Brot, 10 Tugrik, in der zweiten Verkaufsabteilung.

Zu Gast sein

Mongolen sind gastfreundlich, und besonders auf dem Land ist eine Einladung schnell ausgesprochen. Für Touristen heißt das, einige Regeln zu beachten, um die Gastgeber nicht zu verletzen:

Das Betreten einer Jurte hat seine Tücken! Nach mongolischem Empfinden ist es mehr als nur unhöflich, zunächst einen Fuß durch die Tür zu setzen oder gar auf die Türschwelle zu treten. Also folgendermaßen vorgehen: Zuerst den Kopf durch die geöffnete Tür stecken und dann den rechten Fuß über die Schwelle setzen. Danach wird der ganze Körper durch die Tür „geschoben“.

Das Teetrinken ist bei den Mongolen ein regelrechtes Ritual. Eine Schale Tee abzulehnen, kommt einer Beleidigung nahe.

Der ehrenvollste Platz in der Jurte befindet sich im hojmor (dem Nordteil der Jurte) gegenüber der Eingangstür. Der Hausherr wird daher stets bemüht sein, seinen höchsten Gast – oder sogar alle – dort zu platzieren.

Bei der traditionellen Einteilung der Jurte gilt die linke Seite (Westen) als „Männerhälfte“ und die rechte (Osten) als „Frauenhälfte“; der Jurteneingang zeigt immer nach Süden.

Bi Tanaj sajhan orond irsendee ih bajartaj bajna.
ich Ihr-2 schön Land-3 gekommen sehr Freude-7 ist
Ich bin sehr froh, dass ich in Ihr schönes Land gekommen bin.

In der Jurte

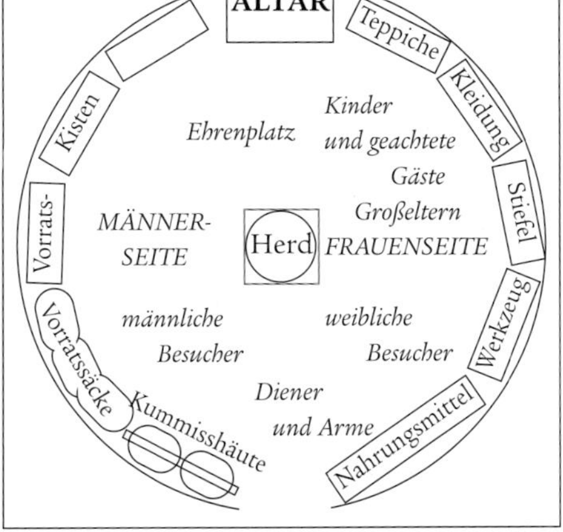

Es ziemt sich, in der Jurte zu sitzen! Sind die kleinen, etwa 30 cm hohen Hocker nicht genügend vorhanden, ist es möglich, sich mit gekreuzten Beinen auf den Boden setzen (Türkensitz). Als vornehmste Sitzart gilt jedoch die Hockstellung.

Bi öörijgee taniltsuul*ja, minij ner ...
ich selbst-4-mich vorstellen-lasse(-jetzt), ich-2 Name
Darf ich mich vorstellen, mein Name ist ...

Ene bol minij najds ...
dies P ich-2 Freund ...
Das ist mein Freund ...

Bid Tany ur*sand bajartaj bajna.
wir Ihr-2 Einladung-3 Dank-7 ist
Wir danken Ihnen für die Einladung.

Bid end ahiad neg irmeer bajna.
wir hierher nochmal ein kommen-wollen ist
Hierher möchten wir noch einmal kommen.

Für die schönen Stunden wird man sicher mit einer kleinen Aufmerksamkeit, wie Süßigkeiten tschiherlegijn dsüjl („süße Sachen") oder einem Souvenir aus der Heimat, danken. Dieses kleine Geschenk wird jedoch nicht schon zur Begrüßung überreicht. Man legt es in das Zimmer, in dem man sich aufgehalten hat (bzw. in der Jurte), irgendwo hin. Worte können nicht annähernd so viel aussagen wie diese schlichte Geste. Zu alten Zeiten war es nämlich unter den Araten nicht üblich, dass Aufmerksamkeiten als Dank für erwiesende Gastfreundschaft offen überreicht wurden.

Fotografieren

Fotografieren kann man fast überall ohne Probleme. Jedoch verlangt die eine oder andere Situation etwas Einfühlungsvermögen. Bei Touren außerhalb der Hauptstadt sollte man genügend Filme bei sich haben.

pljonk	Film
öngötej pljonk	Farbfilm
har tsagaan pljonk *schwarz weiß Film*	Schwarz-Weiß-Film
gerel dsurag; foto *Licht Bild; Foto*	Foto
diapositiw	Dia
negatiw	Negativ
huulbar	Abzug
gerel dsurgijn apparat *Licht Bild-2 Apparat*	Fotoapparat
widiokamera	Videokamera
uga-	entwickeln (Film)
dsurag aw- *Bild nehmen*	fotografieren
kino dsurag aw- *Film Bild nehmen*	filmen

Es ist noch nicht allzu lange her, dass religöse oder ältere Mensch glaubten, mit dem Foto habe der Ausländer nicht nur sein Abbild, sondern auch seine Seele genommen!

End dsurag awtsch boloh uu?
hier Foto nehmen(-d) dürfen FP
Darf man hier fotografieren?

Bi Tany dsurgijg awtsch boloh uu?
ich Ihr-2 Bild-4 nehmen(-d) dürfen FP
Darf ich Sie fotografieren?

Bank & Post

Die mongolische Währung ist der tögrög (Tugrik). Die kleinere Einheit, die man als Tourist sicher wenig benutzen wird, heißt möngö, was gleichzeitig auch „Geld“ bedeutet. Vielfach wird in US-Dollar bezahlt.

Bank (bank)

tögrök	Tugrik
möngö	Möngö
germany mark	D-Mark
awstrijn schilling	Österr. Schilling
schwejtsaryn frank	Schweizer Franken
amerik dollar	US-Dollar

Möglichkeiten zum Geldwechseln befinden sich in den Hotels, wo natürlich Englisch, Deutsch, Russisch oder manchmal auch Französisch gesprochen wird. Gleiches gilt für die Banken von Ulaanbaatar, so dass zu diesem Thema eigentlich nur folgende zwei Fragen auf Mongolisch benötigt werden:

Uutschlaaraj! Bank haa bajdag jum be?
entschuldigen-bitte(!) Bank wo ist ist FP
Entschuldigen Sie bitte, wo ist die Bank?

Ta nadad möngö sol*dsh ögöötsch.
Ihr ich-3 Geld wechseln(-d) geben-bitte(!)
Wechseln Sie mir bitte das Geld!

Post (schuudangijn gadsar)

Postalische Dienste wird ein Tourist in Ulaanbaatar wohl am ehesten in der Zentralpost (töw schuudan) in Anspruch nehmen.

Bi German ruu dsahia jawuulah gesen jum.
ich Deutschland nach Brief schicken möchte P
Ich möchte einen Brief nach Deutschland schicken.

Statt dsahid (Brief) kann man in diesen Satz auch einsetzen:

fax	Fax
il dsahidal *offen Brief*	Postkarte
telegramm, tsahilgaan medee *Elektrizität Nachricht*	Telegramm
telex	Telex

Ta nadad ... ögöötsch!
Ihr ich-3 ... geben-bitte(!)
Geben Sie mir bitte ...!

dsahidlyn mark *Brief-2 Marke*	Briefmarke
dugtuj	Briefumschlag
tusgaj mark *besondere Marke*	Sondermarke
telegrammyn huudas *Telegramm-2 Formular*	Telegrammformular

In der Zentralpost kann man auch Briefumschläge, Schreibpapier und Zeitungen kaufen.

Telefonieren

Bei der Gesprächsvermittlung meldet sich meist eine sympathische Stimme in einer Weltsprache, vor allem in Englisch oder Russisch.

utas	Telefon
utsaas jari-	telefonieren
utasny dygaar *Telefon-2 Nummer*	Telefonnummer
utasny dewter *Telefon-2 Heft*	Telefonbuch
utasny horoo *Telefon-2 Amt*	Telefonzentrale

Orts- sowie Inlandsgespräche können von jedem Hotel aus geführt werden. Möglichkeiten zum Telefonieren gibt es auch in den Postämtern. Selbstwählverkehr ins Ausland besteht z. Z. noch nicht. Will man ein Ferngespräch nach Europa anmelden, reicht es meistens aus, die Zentrale Gesprächsvermittlung anzurufen. Manchmal ist es hilfreich zu sagen:

Bajna uu, bajna uu?
ist FP, ist FP
Hallo, Hallo ...!

Bi Germand ruu jarimaar bajna.
ich Deutschland-3 nach sprechen-mögen ist
Ich möchte ein Ferngespräch nach Deutschland.

... Awstr luu / Schwejtsar luu ...
... Österreich nach / Schweiz nach ...
... nach Österreich / in die Schweiz ...

Numer bol ...
Nummer P ...
Die Nummer lautet ...

Bajna uu, bajna uu? Duuldahgüj bajna.
ist FP, ist FP verstehen-nicht ist
Hallo, Hallo! Sie sind schlecht zu hören!

Hüleegeerej! Ta hüleedsh bajgaaraj!
warten-bitte(!) Ihr warten(-d) bleiben-bitte(!)
Einen Moment, bitte! Bleiben Sie dran!

Utsand hen bajna?
Telefon-3 wer ist
Wer ist am Telefon?

Ta hen be?
Ihr wer FP
Wer spricht dort?

Ämter & Behörden

Sollten behördliche Angelegenheiten zu klären sein, kommt man als Europäer sicher am besten mit Englisch oder Russisch weiter. Visaangelegenheiten können persönlich in der Konsularabteilung des Außenministeriums vorgetragen werden. Lassen sich Kontakte mit der Polizei oder anderen Behörden nicht umgehen, ist es empfehlenswert, um einen Dolmetscher zu bitten:

tsagdaa	Polizei
jam	Ministerium
gadaad jawdlyn jam	Außenministerium
eltschin sajdyn jam	Botschaft
ajmgijn dsahirgaa	Aimak-Verwaltung
sumyn dsahirgaa	Somen-Verwaltung

End hen german / angli / frants / oros hel medeh we?
hier wer deutsch / englisch / französisch / russisch Sprache kennt FP
Wer kann hier Deutsch / Englisch / Französisch / Russisch sprechen?

Nadad german helnij ortschuulagtsch heregtej.
ich-3 deutsch Sprache-2 Dolmetscher notwendig
Ich benötige einen Dolmetscher für Deutsch!

Krank sein

Stimmt mal etwas mit der Gesundheit nicht, so kann man in Ulaanbaatar ruhig ein Krankenhaus aufsuchen. Dort praktizieren anerkannte Fachärzte, die meistens auch Englisch, Russisch oder Deutsch sprechen. Auf dem Land gibt es medizinische Stützpunkte. Nicht jedermanns Sache sind wohl die Methoden der Volksmediziner.

Oir emtsch / emneleg haana bajna we?
nächster Arzt / Krankenhaus wo ist FP
Wo ist der nächste Arzt / das nächste Krankenhaus?

Emtschijg duudadsh ögöötsch!
Arzt-4 rufen(-d) geben-bitte(!)
Rufen Sie bitte den Arzt!

Minij ... owdodsh bajna.
ich-2 ... krank ist
Mir tut mein(e) ... weh.

heweli	Bauch	**tolgoj**	Kopf
tseedsh	Brust	**eleg**	Leber
höl	Fuß; Bein	**hodood**	Magen
hooloj	Hals	**böör**	Niere
gar	Hand; Arm	**tschih**	Ohr
dsürh	Herz	**schüd**	Zahn

Bi haluuntaj bajna.
ich Wärme-7 bin
Ich habe Fieber.

Ta nadad (dsajlah) ... ögnö üü?
Ihr ich-3 (etwas) ... geben FP
Geben Sie mir bitte (etwas) ...!

em	Tablette, Medizin
bambaj	Baldrian
aspirin	Aspirin
haluunij em *Wärme-2 Tablette*	Fiebertabletten
haniadyn em *Grippe-2 Tablette*	Grippetabletten
suulgyn em *Durchfall-2 Tablette*	Durchfalltabletten
hamryn dusaal *Nasen-2 Tropfen*	Nasentropfen
tolgojn em *Kopf-2 Tablette*	Kopfschmerztabletten
schüdnij em *Zahn-2 Tablette*	Zahnschmerztabletten
shumuulaas hamgaalah dsüjl *Mücken-5 schützen Artikel*	Mückenschutzmittel
gojuu	Pflaster
höwön	Watte
boolt; bint	Binde
emegtejtschuudijn ariun tsewrijn heregsel *Frauen-2 hygienisch rein-2 Mittel*	Damenbinden
tampon	Tampons
kondom	Kondome

Toilette

Erfahrende Traveller wissen, dass auf Reisen das Thema „Toilette“ zu sehr unangenehmen Situationen führen kann. Finden Sie mal ein Örtchen, wo keins ist! – Die Mongolen gehen dieses Thema jedoch viel gelassener an als. Sie „finden“ halt ein Örtchen, egal wo sie sind.

Бие засах газар	эм	эр
bie dsasah gadsar	**em**	**er**
Körper reinigen Stelle	Damen	Herren
Toilette		

Übrigens: Ein Mann geht „nach den Pferden schauen“:

Bi mori hari*ja.
ich Pferd schaue(-jetzt)
Ich schaue jetzt nach den Pferden.

Ein Frau hingegen „möchte mal raus“:

Bi garmaar bajna.
ich herausgehen-mögen bin
Ich möchte mal raus.

Muss dringend ein „Örtchen“ aufgesucht werden, kann es auch heißen:

Bi garalgüj bol gor*güj n*.
ich heraus-nicht P untauglich P
Ich muss mal!

In ländlichen Gegenen und wenn nicht eindeutig ist, wo man zum Austreten hingehen kann, hilft dieser Satz weiter:

Bi haana bie dsasah we?
ich wo Körper reinigen FP
Wo kann ich austreten?

Achtung: Auf dem Land ist es mehr als nur eine höfliche Geste, wenn man nicht in eine Richtung austreten geht, wo Tiere weiden! Und noch eins: Nicht das Toilettenpapier vergessen, wenn es übers Land geht!

Schimpfen & Fluchen

Auch als Gast muss man sich sicher nicht alles gefallen lassen. Es kann gerade auf der Straße oder am Abend schon mal vorkommen, dass etwas „Abstand" angebracht ist. Doch Vorsicht! Der Vorrat an „härterem Vokabular", das im Folgenden vorgestellt wird, sollte niemals leichtfertig angewendet werden!

Dsolig!
(harmlos, etwa wie:) Mensch, du!

Dsolig bezeichnete ursprünglich eine aus Teig geformte Menschenfigur, die Böses anziehen sollte und danach verbrannt wurde.

Tschi, jasan teneg jum we?
du, was Dummkopf P FP
Was bist du für ein Dummkopf!
(leichtes „Geschütz", kann vielleicht eine unangenehme Situation auflockern)

Jadag dsolig we?
welch Teufel FP
He, du Teufel!
(ist schon etwas schärfer und gilt als Warnung bei Ungezogenheiten)

Soliotoj hog we?
durchgedreht Müll FP
Durchgedrehter Müllhaufen!
(Sollte als mittleres „Geschütz" verwendet werden, auch von Frauen)

Sarwuugaa tat!
Finger-4 zurück
Nimm die Finger weg!
(Wenn von Frauen im scharfen Ton gebraucht, wird es kurzzeitig seine Wirkung nicht verfehlen.)

Dsajl!
Verschwinde! Weg da!

An dieser Stelle merkt der Aufdringling sicher, dass er es mit einen „alten Fuchs" zu tun hat.

Die folgenden Beschimpfungen sind mit Vorsicht zu genießen! Vor allem der zweite

Satz enthält die Doppelbedeutung „Schafsbock“, was für einen Mongolen eine starke Beleidigung ist! Es kann deshalb ziemlich ungemütlich werden!

Tschi jasan teneg am*tan we?
du welch dumm Tier FP
Mann, was bist du doof!

Huts, huts!
„grunz, grunz“ (lautmalerisch): Halt's Maul!

Nichts verstanden? – Weiterlernen!

Sicherlich werden Sie an einen Punkt kommen, wo Sie sich wünschen, einen Dolmetscher dabei zu haben. Folgende Sätze helfen weiter.

Та монголоор бас ярдаг уу?
Ta mongoloor bas jardag uu?
Ihr mongolisch-6 auch sprechen FP
Sprechen Sie auch Mongolisch?

германаар	**germanaar**	(auf) Deutsch
англиар	**angliar**	(auf) Englisch
франтсаар	**frantsaar**	(auf) Französisch
оросоор	**orosoor**	(auf) Russisch

Би монголоор муу / жаахан ойлгодж байна.
Bi mongoloor muu/dshaahan ojlgodsh bajna.
ich mongolisch-6 schlecht / ein-wenig verstehe ist
Ich verstehe nur schlecht/ein wenig Mongolisch.

За, монголоор ярьиа!
Dsa, mongoloor jar*ja!
gut, mongolisch-6 sprechen
Gut, sprechen wir Mongolisch!

Та юу гэв?
Ta juu gew?
Ihr was gesagt
Was haben Sie gesagt?

Давтаж хэлнэ үү?
Dawtadsh helne üü?
wiederholen(-d) sagen FP
Wiederholen Sie bitte!

Та жаахан удаанар ярьна уу?
Ta dshaahan udaanaar jar*na uu?
Ihr etwas langsam-6 sprechen FP
Sprechen Sie bitte etwas langsamer!

Та миний хэлж байгааг ойлгож байна уу?
Ta minij heldsh bajgaag ojlgodsh bajna uu?
Ihr ich-2 sagen(-d) sein verstehen ist FP
Verstehen Sie, was ich gesagt habe?

Wenn man auf ein Wort in mongolischer Schrift zeigt, kann man diese Frage stellen:

Энэ юу гэсэн үг вэ?
Ene juu gesen üg we?
dies was heißen Wort FP
Was bedeutet dieses Wort?

Энэ үгийг яаж дуудах вэ?
Ene ügijg jadsh duudah we?
dies Wort-4 wie aussprechen FP
Wie spricht man dieses Wort aus?

Энэ үгийг яаж бичдэг юм вэ?
Ene ügijg jadsh bitschdeg jum we?
dies Wort-4 wie schreiben P FP
Wie schreibt man dieses Wort?

Wenn ein Mongole Englisch versteht, kann man zum Beispiel fragen:

„Let's go" монголоор юу гэдэг юм бэ?
„Let's go" mongoloor juu gedeg jum be?
„Let's go" mongolisch-6 wie genannt P FP
Wie sagt man „let's go" auf Mongolisch?

Энд германаар / англиар / франтсаар ямар нэгэн хүн яаьдаг уу?
End germanaar / angliar / frantsaar jamar negen hün jar*dag uu?
hier deutsch-6 / englisch-6 / französisch-6 was-für ein Mensch spricht FP
Spricht hier jemand Deutsch / Englisch / Französisch?

Та надад туслана уу?
Ta nadad tuslana uu?
Ihr ich-3 helfen FP
Würden / können Sie mir helfen?

Dringende Hilferufe

Damit man auch in einer unangenehmen oder gefährlichen Situation die wichtigsten Sätze zur Hand hat, sind auch die folgenden Sätze mit mongolischer Schrift versehen.

Миний нэр ...
Minij ner ...
Mein Name ist ...

Би Гэрманаас/Австриас/Швейцариас ирсэн.
Bi Germanaas/Awstrias/Schwejtsaaras irsen.
Ich komme aus Deutschland / Österreich / der Schweiz.

Би осолд орчихлоо.
Bi osold ortschihloo.
Ich hatte einen Unfall.

Миний бие өвдөж байна.
Minij bie öwdödsh bajna.
Ich bin krank.

Би хулгайд юмаа алгсан.
Bi hulgajd jumaa algsan.
Man hat mich bestohlen.

Би баримт бичгээ гээчихлээ.
Bi barimt bitschgee geetschihlee.
Ich habe meine Dokumente verloren.

Botschaften der Schweiz oder Österreichs gibt es in der Mongolei nicht. Bürger dieser Länder sollten sich in der Mongolei bei Bedarf an Botschaften ihres Vertrauens wenden oder die Vertretungen ihrer Länder in Moskau bzw. Peking benachrichtigen lassen.

Эмч / цагдаа дуудаж өгөөч.
Emtsch / tsagdaa duudadsh ögöötsch.
Bitte rufen Sie einen Arzt / die Polizei!

Та намайг эмнэлэгт / цагдаагийн газарт хүргэж өгнө үү?
Ta namajg emnelegt / tsagdaargijn gadsart hürgedsh ögnö üü?
Bitte bringen Sie mich in ein Krankenhaus / zur Polizei!

Би жаахан юм идмээр / уумаар байна.
Bi dshaahan jum idmeer / uumaar bajna.
Bitte geben Sie mir etwas zu essen / trinken!

... руу яаж очих вэ?
... ruu jaadsh otschih we?
Wie komme ich nach ...?

Би хаанаас утсаар яаих бэ?
Bi haanaas utsaar jarih we?
Wo kann ich telefonieren?

Монгол улсад байгаа германы элчин сайдын яаманд мэдэгдэж өгөөч.
Mongol ulsad bajgaa germany eltschin sajdyn jaamand medegdedsh ögöötsch.
Bitte benachrichtigen Sie die deutsche Botschaft in der Mongolei!

Literaturhinweise

Seit Jahren werden in Deutschland, vor allem in Berlin und Leipzig, aber auch in der Mongolei, recht gute Wörterbücher bzw. Gesprächsbücher „Deutsch-Mongolisch / Mongolisch-Deutsch“ herausgegeben. Sie können auf Reisen durchaus weiterhelfen und finden auch vom Format her in jeder Tasche Platz. Diese Bücher haben jedoch eines gemeinsam: Diejenigen Bücher, die zum Weiterlernen besonders zu empfehlen sind, geben die mongolischen Wörter in kyrillischer Schrift wieder.

Die folgenden Bücher/Schriften sind nicht über den Reise Know How Verlag erhältlich!

Ts. Damdinsüren: **Oros-mongol tol.** Ulaanbaatar, Bd. 1 1967, Bd. 2 1969. *(Russisch-Mongolisches Wörterbuch)*

G. Luwsan: **Deutsch-Mongolisches Gesprächsbuch.** Ulaanbaatar, 1975. *(Sehr schwer zu bekommen!)*

H.-P. Vietze (AK): **Gesprächsbuch Deutsch-Mongolisch.** Enzyklopädie-Verlag Leipzig. *(Erschienen in mehreren Auflagen, sollte man haben!)*

Folke Bobery: **Mongolian-English Dictionary in 3 volumes.** Förlaget Filadelfia ab Stockholm, Stockholm, 1954.

G. Hangin (AK): **A modern Mongolian-English Dictionary.** Indiana University Research Institute for Inner Asian Studies, 1986.

Wörterliste Deutsch – Mongolisch

Die Wörterlisten enthalten einen Grundwortschatz von ca. 1000 Wörtern. Vokabular, das man in den einzelnen Kapiteln nachschlagen kann, ist hier nicht immer aufgeführt.

***Verben** (Tätigkeitswörter) werden nur mit ihrem Wortstamm aufgeführt, dem ein Bindestrich folgt. Daran angehängt werden die Endungen für die Zeit bzw. das Zeitverhältnis. Verben, bei denen man aus dem Wortstamm nicht unmittelbar auf die von der Vokalharmonie geforderte Endung schließen kann, haben vor dem Bindestrich den ersten Buchstaben der Endung, also **a-** oder **i-** bzw. einen Doppelselbstlaut. In Klammern gesetzte Zahlen verweisen auf den benötigten Fall eines Hauptwortes, z. B. „+2.“ (+ 2. Fall = Genitiv), „+3.“ (+ 3. Fall = Dativ) usw., das im Mongolischen immer vor dem Verb steht.*

A

ab und zu haaja haaja
Abend üdesch, oroj
Abendessen orojn hool
aber gewtsch
abgeben olg-
abschleppen tschir-
abwesend sein bajhgüj
Achtung anhaaral
Ackerbau tarialan
Adresse hajag
alle büh
allein gantsaaraa
allerdings ünendee
allgemein jerönhij
Allgemeinen, im jer n*
alt (nicht jung) nastaj
alt (nicht neu) huutschin
alt werden nasl-
Alter, das nas
andauern ürgeldshl-
Andenken dursgal
andere(r, -s) busad, öör
anfangen ehl-
Angelegenheit hereg
angenehm ajatajhan
Angestellter alban haagtsch
Angst ajdas
Angst haben ajh
anhalten dsogso-
Ankunft hurtsch ireh
Anmeldung medegdel
Ansiedlung (mongol.) ajl
Antwort hariu
antworten hariul-
anziehen öms-
Apotheke emijn san
Arate (mongol.) ard
Arbeit adshil
arbeiten adshil-
Arbeiter adshiltschin
ärgern, sich uurla-
arm jaduu
Arm gar
Art töröl
Arznei em
Arzt emtsch
Aschenbecher ünsnij saw
Asien Adsi

auch mön, bas
auf deer
auf solche Weise
ingehed
auf Wiedersehen!
bajartaj!
Aufenthalt bajh
Aufgabe daalgawar
aufhören duus-
aufmerksam anhaaraltaj
aufstehen bos-
aufwachen serg-
Ausbildung bolowsrol
Ausflug ajalal
Ausgang(stür)
garah (haalga)
ausgezeichnet orts sajn
Auskunft medee
Ausland gadaad uls
Ausländer gadaadyn hün
ausländisch gadaadyn
ausreisen ajal-
Aussicht alsny haraa
Aussprache (phonet.)
duudlaga
aussteigen gar- (+5.),
buu-
Ausstellung üdsesgelen
aussuchen song-
ausverkauft duussan
Ausweis ünemleh
ausziehen tajl-
Auto maschin, unaa
Autounfall maschiny osol
Autowerkstatt
awtomaschiny/maschiny
dsaswaryn gadsar

B

backen bari-
Badeanzug usny huwtsas
Badehose usny ömd
baden asand or-
Badezimmer
usand oroh öröö
Bahnhof
tömör dsamyn buudal
bald udahgüj, daruj
Ball bömbög
Bank (finanz.) bank
Bank (Sitz-) wandan
Bargeld belen möngö
Bauch gedes
bauen bari-
Bauer tariatschin
Baum mod
beabsichtigen sanaar-
Bedarf heregtsee
beeilen, sich jara-
beenden duusg-
befinden, sich orschi-
begegnen, sich utschra-
begleiten gargadsh ög-
begrüßen mendl-
behandeln (Arzt)
emtschl-
Behörde alban gadsar
Bein höl
Beispiel dshischee
Beispiel, zum
dshischeelbel
bekannt nertej
Bekannter tanil hün
bekanntmachen, sich
tanilts-
bekommen aw-
beleidigen doromdshl-
benachrichtigen
medegd-
benutzen aschigl-
Benzin bendsin
bequem ajataj
Berg uul
Beruf meregdshil
berühmt aldart, nertej
beschweren, sich
gomdol meduul-
besichtigen har-
besitzen edsemsh-
Besitzer (Anrede: Herr)
edsen
besonders ontsgoj
besser als sajn (+5.)
bestellen dsahi-
Bestellung dsahialga
bestrafen schijtge-
Besuch (offiz.) ajltschlal
besuchen dsotschl-
betrügen dsalil-
betrunken sogtuu
Bett or
Bettzeug
or dernij heregsel
bevor ömnö (+5.)
bewegen hödl-
Beweis notolgoo
bezahlen möngö töl-
Bezirk (admin.) ajmak
Bier pijw, piwo
Bild dsurag
billig hjamdhan
Binde (med.) oroolt
Bindfaden ujaa

bis hürtel
bisschen (etwas) dshaahan
Bitte gujlt
bitten gujh
Blatt (bot.) nawtsch
Blatt (Papier) huutas
bleiben baj-
Bleistift harandaa
Blume tsetseg
Bluse tsamts
Blut tsus
bogenschießen (mong.) num sum harw-
Bonbon hatuu tschiher, tschiher
Botschaft eltschin sajdyn jaam
braten schar-
breit örgön
brennen schata-
Brief dsahidal
Briefmarke schuudangijn mark
Briefumschlag dugtuj
bringen awtschr-
Brot talh
Brücke güür
Bruder (älterer) ah
Bruder (jüngerer) düü
Brust (anatom.) tseedsh
Buch nom
buchen (finanz.) dansl-
buchen (z. B. Ticket) bürtg-
Bücherei nomijn san
Buchstabe üseg
Buddhismus burhny schaschin
Buddhist burhny schaschintan
bunt öngöt
Bürger (Staats-) irgen
Büro towtschoo
Bus awtobus
Butter schar tos

C

Café kafe
Chance bolomdsh
Chauffeur dsholootsch
Chef darga
China hjatad
Chinese hjatad hün
Chinesin hjatad hün
chinesisch hjatad
Creme türhdeg tos

D

dadurch utsraas
Dame hatagtaj
damit tuld
danach daraa
dank atschaar
danke bajarlalaa
dann tegeed
darum tijm utschraas
Decke (Schlaf-) taads
Delegation tölöölögtschid
denken bod-
Denkmal dursgalyn höschöö
deshalb tijm utschraas
deutsch german
Deutsche(r) german hün
Deutschland German
dick dsudsaan, büdüün
Diebstahl hulgaj
dies(e, -r, -s) ene
direkt schuud
Dokument barimt bitschig
Dolmetscher ortschuulagtsch
doppelt dawhar
Dorf tosgon
dort(hin) tend
Dose laads
draußen gadaa
dringend jaaraltaj
du tschi
dumm teneg
dunkel haranhuj
dünn nimgen
Durchfall (med.) suulgah
durchführen dsohi-, güjtsetg-
durchschnittlich dunddschaar
dürfen, nicht bolohgüj
Durst tsangaa
Durst haben am tsang-
Dusche schürschüür

E

echt (nicht künstl.) dshinhene
Ehefrau ehner
Ehemann er nöhör

Ehepaar er em hojor
ehrlich ünentsch
Ei öndög
eigentlich tschuham
Eigentum ömtsch
Eimer huwin
einfach (nicht schwierig) amarhan
Eingang(stür) oroh (haalga)
einige dsarim
einkaufen hudaldan aw-
Einkommen orlogo
einladen uri-
Einladung urilga
einschalten dsasg-
einsteigen suu- (+3.)
eintreten or-
Eintrittskarte bilet
einverstanden sein dsöwschöörö-
Einwohner hün am
einzeln gants neg
Eis mös
Eis (Speise-) möhööldös
Eisenbahn galt tereg
Eiter beer
Eltern etseg eh
empfangen hüleen aw-
empfehlen dsöwl-
Ende tögsgöl
eng narijn
England Angli
Engländer(in) anglijn hün
englisch angli
Enkel atsch hüü
entscheiden schijdwerl-
Entschuldigung uutschlal
Entwicklung högdshil
er ter (hün)
erblühen mand-
Erde (Welt) delhij
Ereignis üjl jawdal
Erfahrung turschlaga
erfolglos amdshiltgüj
erfolgreich amdshiltaj
Ergebnis ür dün
erhöhen deeschlüül-
erholen amr-
erinnern, sich dursa-, san-
erklären tajlbarl-
Ernte urgats
erweitern örgötg-
erzählen ögüüle-
es ene, ter
es gibt/ist bajna
essen ide-
etwas jum
etwas (bisschen) dshaahan
Europa Ewrop
ewig mönh
Export eksport

F

Fabrik üjldwer
Fachmann meregdshilten
fahren jaw-
Fahrplan jawah tsagijn chuwaar*
Fahrpreis unaany dsardal
Fahrzeug unaa
fallen ojtschi-
falls (wenn) -bal, -wal (End.)
falsch buruu
Familie ger bül
Familienname owog
fangen bari-
Farbe öngö
Farbfilm öngöt kino
fast barag
faul (träge) dsalhuu
fehlen bajhgüj
Fehler aldaa
Feier bajar
fein narijn
Felsen had
Fenster tsonh
Ferien amralt
fern hol
Fernsehgerät telewiser
fertig (bereit) belen
fest hatuu
Fest bajar
festigen behdshi-
fett ööhtej
Feuer gal
Fieber haben haluur-
Film kino
finden ol-
Finger huruu
Fisch dsagas
Flachland tal
Flasche lonh
Fleisch mah
fliegen nise-
Flughafen niseh ongotsny buudal
Flugzeug niseh ongots

Fluss gol
Forderung schaardlaga
Formular alban huudas
Fortschritt dewschil
Foto gerel dsurag
Fotoapparat gerel dsurgijn apparat
fotografieren dsurag aw-
Frage asuult
Fragebogen anket
fragen asuu-
Frankreich Frants
Franzose frants hün
Französin frants hün
französisch frants
Frau emegtej
Frau (Anrede) guaj
frei tschölöötej
Freiheit erh tschölöö
fremd harijn
freuen, sich bajas-, bajarl-
Freund najds
freundlich najrsag
Freundschaft najramdal
Frieden enh tajwan
frieren daar-
frisch serüühen
Frisör üstschin
fröhlich högdshiltej
früh ert
Frühling hawar
Frühstück öglöönij tsaj
fühlen bar*dsh üds-
Führer udirdagtsch
für tölöö
fürchten vor, sich aj- (+5.)
Fuß höl
Fuß: zu ... gehen jawgan jaw-
Fußball höl bömbög
Futter tedsheel

G

Gabel seree
ganz bur
Garten tsetserleg
Gast ajltschin, dsotschin
Gaststätte guands
Gebäck boow
geben ög-
Gebirge uuls
Gebühr tatwar
Geburtstag törsön ödör
Gedanke bodlogo
Gefahr ajuul
gefährlich ajuultaj
gefallen ajataj
Gefäß saw
Gefühl medrehüj
gegen esreg
Gegend gadsar
Gehege (mongol.) haschaa
gehen jaw-
gehören hamaar-
Geld möngö
Gelegenheit dalim
gemäß daguu
Gemüse nogoo
gemütlich ajatajhan
genannt gedeg
genau todorhoj
genug hangalttaj
geöffnet ongojlg-
Gepäck atschaa
geradeaus tschigeeree
gern haben durtaj
Geruch üner
gesamt nijt
Geschäft (Laden) delgüür
Geschäft (Tätigk.) adshil hereg
Geschenk beleg
Geschichte (Erzähl.) ögüülleg
Geschichte (Hist.) tüüh
Geschichte (wiss.) tüüh
geschlossen haalttaj
Geschwister ah düüs
Gesellschaft hijgemleg
Gesetz huul*
Gesicht nüür
Gespräch jaria
gestern ötschigdör
gesund erüül
Gesundheit erüül mend
Getränk undaa
Gewehr buu
Geweih ewer
Gewicht dshin
Gewinn aschig
Gewitter aadar
Gewürz haluun hogoo
Gift hor
Gipfel orgil
Glas (Gefäß) schil ajaga
Glas (Material) schil
glauben itge-
gleich adil
Glück ads, dshargal

Gold alt
Gott burhan
Gramm gramm
Grammatik helhij dsüj
Gras öws nogoo
gratulieren bajar hürg-
Grenze hil
Grippe haniad
groß tom, ih
Größe (Kleidung u. ä.) hemdshee
Großmutter emeg eh
Großvater öwög etseg
Grundlage ündes
grüßen (jmdn.) mend hürg-
gültig hütschintej
Gurke örgörts
gut sajn

H

Haar(e) üs
haben baj-
Hälfte hagas
Hals hooloj
Haltestelle dsogsool
Hammel ireg
Hand gar
Handel hudaldaa
handeln hij-
Händler hudaldaatschin
Handtuch gar nüürijn altschuur
hart hatuu
hässlich muutaj
Hauptstadt nijslel hot
Haus bajschin
Haut ar*s
he, hallo! hüüe!
Heimat eh nutag
heiraten gerl-
heiß haluun
helfen tusla-
hell saruul
Hemd tsamts
Herbst namar
Herde süreg
herein! or!
Herr (Anrede) guaj
Herr (Fürst) nojon
Hersteller üjldwerlegtsch
hervorragend garamgaj
heute önöödör
hierher! naaschaa!
Hilfe! tuslaaraj!
Himmel tenger
Hindernis saad
hingehen otschi-
hinten hojno
hinuntergehen buu-
Hinweis dsaalt
hinzufügen nem-
Hirsch buga
hoch öndör
Hochschule deed surguul*
Hochzeit hurim
hoffen najd-
holen awtschr-
Holz mod
Honig (Bienen-) dsögijn bal
hören sons-
Hörner ewer
Hose ömd
Hotel dsotschid buudal
hübsch hóörhön
Hügel tolgoj
Huhn tahia
Humor hoschin
Hund nohoj
Hunger haben öls-
Hut malgaj
hüten (Vieh) hariul- (mal)

I

ich bi
Idee sanal
ihr ta
Imbiss dsuusch
immer dandaa
Industrie adsh ujldwer
Interesse sonirhol
interessieren, sich sonirh-
international olon ulsyn
irgendwann hedsee negen tsagt
irgendwie jaadsh neg
irgendwo haa neg gadsar

J

ja dsa
ja, so ist es! dsa, tijmee!
Jacke tsamts
Jahr dshil
Jahrestag oj
Jahreszeit uliral
jährlich dshil bürijn
Jak (Wildrind) sarlag
jeder (hün) bur

jedoch gewtsch, harin
jene(r, -s) ter
jenseits tsaana
jetzt odoo
wünschen, jmdm. etwas jerö-
Journalist(in) setgüültsch
jung dsaluu
Jungvieh töl
Jurte (mongol.) ger

K

Kaffee kofe
Kahn dsaw*
Kalb tugal
kalt hüjten
Kamel temee
Kamm sam
Kampf temtsel
Kanne (mongol.) güts
kaputt ewderhij
Kartoffel töms
Käse bjaslag
Kasse kass
Katze muur
Käufer hudaldan awagtsch
Kaufhaus ih delgüür
Kellner dsöögtsch
kennen tani-
Kerze laa
Kind hüühed
Kino kino
Kirche süm
Kissen der
Kiste hajrtsag
klar todorhoj
Klasse angi
kleben na-
Kleiderständer ölgüür
klein baga
klettern awir-
Klima tsag uur
Kloster (Kirche) hijd
klug uhaantaj
Knoblauch sarmis
Knochen jas
Knopf towtsch
kochen tschan-
Koffer tschemodan
Kohl bajtsaa
kommen ir-
kommen lassen irüül-
Konferenz baga hural
können tschad-
Kontor (Büro) kontor
kontrollieren schalg-
Kopf tolgoj
Körper bie
korrigieren dsas-
kosten ünetej
Kraft hütsch
krank sein öwtschtej
Krankenhaus emneleg
Krankenschwester suwilagtsch
Kreis duguj
Kreis (administr.) sum
Krieg dajn
Küche gal dsuuh
Kuh ünee
kühl serüühen
Kühlschrank hörgögtsch
Kultur sojol
Kunst urlag
kurz bogino
küssen ünerle-
lächeln ineemsegl-
lachen ine-
Laden (Geschäft) delgüür
Lama (buddh. Mönch) lam
Lamaismus schar schaschin
Lampe denlüü
Land (auf dem ...) hödöö
Land (Staat) oron (üls)
Landkarte gadsaryn dsurag
Landwirtschaft hödöö adsh ahuj
lang (räuml.) urt
lang (zeitl.) udaan
langsam alguur
langweilig ujtgartaj
Lärm tschimee
Last atschaa
Lastwagen atschaany te-reg
laut tschanga
leben am*dr-
Leben am*dral
Lebensmittel hünsnij baraa
Leber eleg
Leder ar*s
ledig (= ohne Ehemann) nöhörgüj
ledig (= ohne Frau) ehnergüj
leer hooson
Legende domog

lehren surg-
Lehrer bagsch
leicht (Gewicht) höngön
leiden dsow-
leidlich gajgüj
leihen dseel-
lernen sura-
lesen unschi-
letzte(r, -s) süülijn
Leute hün am*tan
Licht gerel
Liebe hajr
Liebling amrag
Lied duu
Limonade undaa
links dsüün gar tald
Loch nüh
Löffel halbaga
Lohn tsalin
Lüge hudal(aa)
lügen hudal hel-
lustig dsugaataj

M

machen hij-
machen lassen hijlge-
Mädchen büsgüj, ohin
Magen hodood
Mahlzeit hoolnij tsag
malen (künstl.) dsura-
manchmal dsarimdaa
Mann er hün
Mannschaft bag
Markt dsah dseel
Maschine maschin
Meer dalaj
Mensch hün
Messer hutga
Meter metr
Milch süü
Mineralquelle paschaan us
Ministerium jaam
Minute minut
mitnehmen awtsch jaw-
Mittag üd
Mittagessen üdijn hool
Mitte dund
Mode mood
modern odoo tsagijn
möglich bolomdshtoj
Moment mal! hüleedsh baj!
Monat sar
Mond sar
Mongole mongol
mongolisch mongol
morgen margaasch
Morgen, der öglöö
Morgengrauen üür
morgens öglööd
Motor motor
Motorrad motortsikl
müde jadarsan
Mühe geben, sich dsütge-
Müll hog
Mund am
Murmeltier tarwaga
Museum mudsej
Musik högdshim
müssen (Vermutung) jostoj
müssen (Zwang) heregtej
Mutter eedsh
Mütze malgaj

N

Naadam (mongol. Fest) naadam
nach ruu / rüü (Vok.!, Richtungsanzeiger)
nach oben! deeschee!
nach unten! dööschee
Nachbar hörsch
nachher üünij daraa
Nachkomme ür udam
Nachmittag üdees hojsch
nachmittags üdees hojsch
Nachricht medee
nächste(r, -s) daraagijn
nächste(r, -s), der/die/das daraagijnh n*
Nacht schönö
nackt nütsgen
Nadel (Näh-) dsüü
Nagel (Metall) hadaas
nah ojr
Nähe: in der ... sein ojrotsoo
Nähgarn ojodlyn utas
Name ner
Nase hamar
nass nojton
Nation ündesten
Natur bajgal*
natürlich! (als Ausruf) bajlgüj dee!
Nebel budan

neben derged
nehmen aw-
nein ügüj
neu schine
neugierig soniutsch
nicht ügüj
nicht wahr? bids dee?
nichts juu tsch ügüj
niemand hen tsch ügüj
nimm! maj!
nirgendwo haana tsch ügüj
noch bas
noch einmal dahiad
Norden hojt, umar
nördlich hojt, umar
normal jerijn, hewijn
Notiz temdeglel
notwendig heregtej
Nudel gojmon
nur dsöwhön
nutzen heregl-
Nutzen atsch tus

O

oben deer
obere deed
Obst dshims
oder bujuu, eswel
offen ongojlg-
öffnen ne-
Öffner ongojlgogsch
oftmals olon udaa
ohne (End.) -güj
okay, so mache ich es! dsa, tegne!
Öl tos
Ordnung dshuram
Ort (Stelle) gadsar
Osten dsüün, dorno
Österreich Awstri uls
Österreicher(in) awstrijn hün
österreichisch awstr
östlich dsüün, dorno

P

Paar (Gegenstand) hos
Paket ilgeemdsh
Palast ordon
Panne gemtel
Papier tsaas
Paradies diwaadshin
Park tsetserleg
Partei nam
Pass ünemleh, pasport
passen taar-
Pause machen dsawsarl-
Peitsche (mongol.) taschuur
Pelz nehij
Person hün
Pfarrer unschilgyn lam
Pfeife (mongol.) gaans
Pferd mor*
Pferdestation (mongol.) örtöö
Pflanze urgamal
pflegen artschl-
Pflicht üüreg
Pilz möög
Plan tölöwlögöö
planen tölöwl-
Platz (öffentl.) talbaj
Platz (Sitz) suudal
plötzlich genthen
Politik uls törijn bodlogo
Polizei tsagdaa
Postamt schuudangijn gadsar
Praktikum dadlaga
Preis üne
privat huwijn
Problem asuudal
Produktion üjldwerlel
Programm programm
Pullover nooson tsamts
Puppe hüüheldej

Q

Quadratmeter dörwöldshin metr
Qualität tschanar
Quark aarts
Quelle bulag
Quittung tasalbar

R

Rad duguj
Radio radio
rauchen tamhi tat-
rechnen tool-
Rechnung tootsoo
Recht erh
rechts baruun gar tald
Rede: eine ... halten üg hel-
reden hel-

Regel (Ordnung) dshuram
Regierung dsasgijn gadsar
regnen boroo or-
reich bajan
reichlich arwin
Reihe egnee
Reis tsagaan budaa
Reise ajan
Reisebüro dshuultschla-lyn gadsar
reiten una-
rennen urald-
Reparatur dsaswar
Rest üldegdel
Restaurant restoran, guands
Rezept (med.) dshor
richtig dsöw
richtig! dsüjtej!
Richtung tschiglel
Rind üher
Ring bögdsh
Ringer böh
Rock bansal
roh tüühij
Rose sarnaj tsetseg
Rücken nuruu
Rucksack üürgewtsch
Rückseite ar tal
rufen duud-
ruhig tajwan
Rundreise tojron ajalal
Russe oros hün
russisch oros
Russland oros

S

Sache jum
Sack schuudaj
Saft schüüs
Sage domog
sagen hel-
Salz daws
sammeln tsugluul-
Sand els
satt sein tsadsan
Sattel emeel
sauber tsewer
säubern tsewerl-
schade! ee haral daa!
Schaf hon*
Schaffner ültschlegtsch
Schallplatte pjands
scharf hurts
Schatten süüder
Scheck tschek
schenken belegl-
Schere hajtsch
schicken ilge-
schicken (gehen lassen) jawuula-
schießen buud-
Schiff usan ongots
schlafen unta-, nojrs-
schlagen, sich dsodold-
Schlange mogoj
schlecht muu
schlimm: nicht ... gajgüj
Schloss (z. B. Tür-) tsoodsh
Schlüssel tülhüür
schmackhaft amttaj
Schmerz (körperl.) öwtschin
Schmuck tschimeg
schmutzig hirtej
Schnaps (mongol.) arhi
Schnee tsas
schneiden ogtl-
schnell türgen
schön sajhan, gojo
Schrank schüügee
schreiben bitschi-
Schuh gutal
Schule surguul*
Schwein gahaj
Schweiz schwejtsar
Schweizer(in) schwejtsar hün
schweizerisch schwejtsar
schwer hünd
Schwester (ältere) egtsch
Schwester (jüngere) düü
Schwierigkeiten berhscheel
Schwimmbad usand oroh gadsar
schwimmen sel-
See, der nuur
See, die tengis
Segensspruch jerööl
sehen üds-
sehr ih, masch
Seife sawan
sein baj-
sein/ist/sind jum
Seite (Richtung) tal

Sekunde sekund
selbst ööröö
selten howor
Senf gitsch
sie (Ez) ter (hün)
sie (Mz) ted (nar)
Sie (höfl. Anrede) Ta
Silber möngö
singen duul-
Sitte jos
Situation bajdal
sitzen suu-
sofort odoohon
sogar tsch
Sohn hüü
solche(r, -s) ijm
Soldat tsereg
Sommer dsun
Sommerlager (mongol.) dsuslan
Somon sum
Sonne nar
Spaß togloom tuhuu
spät oroj
spazieren gehen dsugaal-
Speise idee
Speisekarte tses
Spiegel tol*
Spiel togloom
spielen naad-, togl-
Sprache hel
sprechen jari-
Staatsangehörigkeit har*jaat bajh
Stadt hot
Stadtviertel horoolol
stark hütschtej
Station buudal
Staub schoroo, toos
stehen dsogs-
steigen deeschlüül-
Stein tschuluu
Stelle (Ort) gadsar
stellen tawi-
sterben nas bar-
steuern dsholood-
still dölgöön, tschimeegüj
Stimme hooloj, duu
Stoff (Näh-) dawuu
stolz bardam
stören saad hij-
Strafe jal
Straße gudamdsh
Streichholz tschüdends
Streit margaan
streiten, sich margald-
Strick ols, schidems
Strom (elektr.) tsahilgaan
Stück schirheg
Studienjahr angi
Stuhl sandal
Sturm schuurga
suchen er-
Süden ömnö, urd dsüg
südlich ömnö, urd dsüg
Suppe schöl
süß tschiherleg

T

Tabak (Zigarette) tamhi
Tablette em
Tag ödör
Tag und Nacht ödör schöngüj
täglich ödör bür
Tal höndij
Talent aw*jaas
tanken bendsin aw-
Tanz büdshig
tanzen büdshigle-
Tasche tsünh
Taschenmesser tongorog
Taschentuch nusny alt-schuur
Tasse ajaga
Taxi taksi
Tee tsaj
Teil heseg
teilen huwa-
teilnehmen orolts-
Telefon utas
telefonieren utsaar jari-
Teller tawag
teuer ünetej
Theater teatr
Thema sedew
Ticket niseh ongotsny bilet
tief gün
Tier am*tan
Tisch schiree
Tochter ohin
Tod ühel
Topf togoo
tragen awtsch jaw-
transportieren tewerl-
traurig gunigtaj
treffen uuldsa-
trinken uu-
trinken lassen uulga-

trocken huuraj
trotzdem gelee tsch gesen
Tuch altschuur
tun hij-
Tür haalga, üüd
Turm tsamhag
Tüte uut

U

übel sein muu bai-
überall gadsar sajgüj
übermorgen nögöödör
überreichen garduul-
Überweisung gujwuulga
Übung dasgal
Uhr tsag
umdrehen erg-
Umgebung ortschin
Umzäunung (mongol.) haschaa
umziehen (Kleid.) soljdsh öms-
unbedingt dsaawal
unbekannt tanihgüj
unbequem tawgüj
und bolon, ba
und so weiter geh met
Unfall osol
unfreundlich nöhörsög bus
ungefähr (circa) baragtsaalbal, ojroltsoogoor
ungern durgüj
ungleich adilgüj
Universität ih surguul
unmöglich bolohgüj
unnötig hereggüj
Unsinn demij jum
unten dor
unter dor
Unterricht hitscheel
Unterschied jalgaa
unterschreiben garyn üseg sura-
Unterschrift garyn üseg
unterstützen demdschi-
unterwegs dsamdaa
Urlaub amralt

V

Valuta waljut
Vater aaw
verabreden (mit jmdm.) bolds- (+7.)
verändern öörtschl-
verbessern sajdshruul-
verbinden dsalg-
Verbot horig
Verdienst (Lohn) tsalin
vergessen mart-
Vergnügen bajar tsengee
verheiratet (= mit Ehefrau) ehnertej
verheiratet (= mit Ehemann) nöhörtej
verkaufen hudald-
Verkäufer(in) hudaldagtsch
Verkehr hödölgöön
verletzen, sich gemte-
verlieben, sich setgeltej bol-
verlieren (etwas) ge-
vermuten taamagl-
vernichten sön-
verschieden jands bürijn
Versicherung daatgal
verspäten, sich hodshimd-
verstehen ojlg-
verteilen huwaaril-
Verwaltung dsahirgaa
Viehzucht mal adsch ahüj
Viehzüchter maltschin
viel olon
vielleicht magadgüj
Vogel schuwuu
Vögel dshigüürten
Volk ard tümen
voll düüren
vor ömnö
vorbereiten beltg-
vorhin sajahan
voriges Jahr nodnin
Vormittag üdees ömnö
vormittags üdees ömnö
vorschlagen sanal garg-
Vorsicht! bolgoomdshtoj!
Vorspeise dsuusch
vorstellen, sich (mit Namen) tanilsuul-
Vorstellung (Theat.) toglolt
Vortrag iltgel
vorwärts! uragschaa!

W

wach sein serüün bai-
wachsen ös-, urga-
Wagen tereg

währenddessen ter üed
Wahrheit ünen
Wald oj mod
Wand hana
wandern ajal-
wann? hedsee?
Ware baraa
warm dulaan
warte mal! bajds!
warten hüle-
warum? jaagaad?
was juu
waschen uga-
Wasser us
wechseln soli-
wecken sere-
Wecker serüülegtsch
Weg dsam
Weg: sich auf den ... machen mord-
Weide biltscheer
Wein dars
weinen ujl-
weit örgön, hol
welche(r, -s)? jamar?
wenig baga
wenn (falls) -bal, -wal (End.)
wer? hen?
werden bol-
werfen schide-
wessen? henij?
Westen baruun
westlich baruun
Wetter tenger
wichtig tschuhal
wie bitte? Ta juu genee?
wie lange? her udaan?
wie? jadsh?
wie viel? heden?
wiederholen dawt-
wild dserleg
Wild an am*tan
Wind salhi
Winter öwöl
Winterlager (mongol.) öwöldshöö
wir bid
wirklich! neeree!
wissen med-
Wissenschaft schindshleh uhaan
Woche doloo honog
wohnen suu-
Wohnung oron suuts
Wolle noos
Wort üg
Wörterbuch tol* bitschig
Wunde scharh
Wunsch hüsel
wünschen hüse-
Wurst hiam

Z

Zahl too
zählen tool-
Zahn schüd
Zahnbürste schüdnij sojds
Zahnpasta schüdnij oo
zärtlich enhrij
zeigen üdsüüle-
Zeit tsag
Zeit haben dsawtaj
Zeit, zur odoohondoo
Zeit: keine ... haben dsawgüj
Zeitschrift setgüül
Zeitung sonin
Zelt majhan, asar
Zentrum töw
zerstören ewd-
Ziege jamaa
ziehen tat-
Ziel dsorilgo
ziemlich nileed
Zimmer öröö, tasalgaa
Zoll gaal*
zu ruu / rüü (Vok.!, Richtungsanzeiger)
Zucker tschiher
zuerst ehleed
zufällig sanamsargüj
Zug galt tereg
zuhören tschagn-
Zukunft ireedüj
zuletzt süüld n*
zusammen hamt
Zustand bajdal
zuviel dendüü ih
Zwiebel songino
zwingen albad-
zwischen hoorond

Wörterliste Mongolisch – Deutsch

A

aadar Gewitter
aarts Quark
aaw Vater
adil gleich
adilgüj ungleich
ads Glück
adshil Arbeit
adshil- arbeiten
adshil hereg Geschäft (Tätigk.)
adshiltschin Arbeiter
adsh ujldwer Industrie
Adsi Asien
ah Bruder (älterer)
ah düüs Geschwister
aj- (+5.) sich fürchten vor
ajaga Tasse
ajal- ausreisen; wandern
ajalal Ausflug
ajan Reise
ajataj bequem; gefallen
ajatajhan gemütlich, angenehm
ajdas Angst
ajh Angst haben
ajl Ansiedlung (mongol.)
ajltschin Gast
ajltschlal Besuch (offz.)
ajmak Bezirk (admin.)
ajuul Gefahr
ajuultaj gefährlich
albad- zwingen
alban gadsar Behörde
alban haagtsch Angestellter
alban huudas Formular
aldaa Fehler
aldart berühmt
alguur langsam
alsny haraa Aussicht
alt Gold
altschuur Tuch
am Mund
am*dr- leben
am*dral Leben
am*tan Tier
amarhan einfach (nicht schwierig)
amdshiltaj erfolgreich
amdshiltgüj erfolglos
amr- erholen
amrag Liebling
amralt Urlaub, Ferien
am tsang- Durst haben
amttaj schmackhaft
an am*tan Wild
angi Klasse, Studienjahr
Angli England
angli englisch
anglijn hün Engländer(in)
anhaaral Achtung
anhaaraltaj aufmerksam
anket Fragebogen
ar*s Haut; Leder
ard Arate (mongol.)
ard tümen Volk
arhi Schnaps (mongol.)
ar tal Rückseite
artschl- pflegen
arwin reichlich
asand or- baden
asar Zelt
aschig Gewinn
aschigl- benutzen
asuu- fragen
asuudal Problem
asuult Frage
atschaa Last, Gepäck
atschaany tereg Lastwagen
atschaar dank
atsch hüü Enkel
atsch tus Nutzen
aw- bekommen; nehmen
aw*jaas Talent
awir- klettern
awstr österreichisch
awstrijn hün Österreicher(in)
Awstri uls Österreich
awtobus Bus
awtomaschiny Autowerkstatt
dsaswaryn gadsar
awtsch jaw- mitnehmen; tragen
awtschr- bringen; holen

B

ba und
bag Mannschaft
baga klein; wenig
baga hural Konferenz
bagsch Lehrer

baj- haben; sein; bleiben
bajan reich
bajar Fest, Feier
bajar hürg- gratulieren
bajarl- sich freuen
bajarlalaa danke
bajartaj! auf Wiedersehen!
bajar tsengee Vergnügen
bajas- sich freuen
bajdal Situation, Zustand
bajds! warte mal!
bajgal* Natur
bajh Aufenthalt
bajhgüj abwesend sein; fehlen
bajlgüj dee! natürlich! (als Ausruf)
bajna es gibt/ist
bajschin Haus
bajtsaa Kohl
-bal (End.) falls, wenn
bank Bank (finanz.)
bansal Rock
bar*dsh üds- fühlen
baraa Ware
barag fast
baragtsaalbal circa, ungefähr
bardam stolz
bari- fangen; backen; bauen
barimt bitschig Dokument
baruun Westen; westlich
baruun gar tald rechts
bas noch, auch
beer Eiter
behdshi- festigen
beleg Geschenk
belegl- schenken
belen fertig, bereit
belen möngö Bargeld
beltg- vorbereiten
bendsin Benzin
bendsin aw- tanken
berhscheel Schwierigkeiten
bi ich
bid wir
bids dee? nicht wahr?
bie Körper
bilet Eintrittskarte
biltscheer Weide
bitschi- schreiben
bjaslag Käse
bod- denken
bodlogo Gedanke
bogino kurz
bol- werden
bolds- (+7.) verabreden (mit jmdm.)
bolgoomdshtoj! Vorsicht!
bolohgüj unmöglich; nicht dürfen
bolomdsh Chance
bolomdshtoj möglich
bolon und
bolowsrol Ausbildung
boow Gebäck
boroo or- regnen
bos- aufstehen
bögdsh Ring
böh Ringer
bömbög Ball
budan Nebel
buga Hirsch
bujuu oder
bulag Quelle
bur jeder; ganz
burhan Gott
burhny schaschin Buddhismus
burhny schaschintan Buddhist
buruu falsch
busad andere(r, -s)
buu- hinuntergehen, aussteigen
buu Gewehr
buud- schießen
buudal Station
büdshig Tanz
büdshigle- tanzen
büdüün dick
büh alle
bürtg- buchen (z. B. Ticket)
büsgüj Mädchen

D

daalgawar Aufgabe
daar- frieren
daatgal Versicherung
dadlaga Praktikum
daguu gemäß
dahiad noch einmal
dajn Krieg
dalaj Meer
dalim Gelegenheit
dandaa immer
dansl- buchen (finanz.)
daraa danach

daraagijn nächste(r, -s)
daraagijnh n* der/die/das nächste(r, -s)
darga Chef
dars Wein
daruj bald
dasgal Übung
dawhar doppelt
daws Salz
dawt- wiederholen
dawuu (Näh-)Stoff
deed obere
deed surguul* Hochschule
deer oben, auf
deeschee! nach oben!
deeschlüül- erhöhen, steigen
delgüür Geschäft, Laden
delhij Erde (Welt)
demdschi- unterstützen
demij jum Unsinn
dendüü ih zuviel
denlüü Lampe
der Kissen
derged neben
dewschil Fortschritt
diwaadshin Paradies
doloo honog Woche
domog Legende, Sage
dor unten, unter
dorno Osten; östlich
doromdshl- beleidigen
dölgöön still
dööschee nach unten!
dörwöldshin metr Quadratmeter
dugtuj Briefumschlag
duguj Rad, Kreis
dulaan warm
dund Mitte
dunddschaar durchschnittlich
durgüj ungern
dursa- sich erinnern
dursgal Andenken
dursgalyn höschöö Denkmal
durtaj gern haben
duu Stimme; Lied
duud- rufen
duudlaga Aussprache (phonet.)
duul- singen
duus- aufhören
duusg- beenden
duussan ausverkauft
düü (jüngerer) Bruder, (jüngere) Schwester
düüren voll

DS

dsa ja
dsaalt Hinweis
dsaawal unbedingt
dsagas Fisch
dsah dseel Markt
dsahi- bestellen
dsahialga Bestellung
dsahidal Brief
dsahirgaa Verwaltung
dsalg- verbinden, einschalten
dsalhuu faul (träge)
dsalil- betrügen
dsaluu jung
dsam Weg
dsamdaa unterwegs
dsarim einige
dsarimdaa manchmal
dsas- korrigieren
dsasgijn gadsar Regierung
dsaswar Reparatur
dsa, tegne! okay, so mache ich es!
dsa, tijmee! ja, so ist es!
dsaw* Kahn
dsawgüj keine Zeit haben
dsawsarl- Pause machen
dsawtaj Zeit haben
dseel- leihen
dserleg wild
dsodold- sich schlagen
dsogs- stehen
dsogso- anhalten
dsogsool Haltestelle
dsohi- durchführen
dsorilgo Ziel
dsotschid buudal Hotel
dsotschin Gast
dsotschl- besuchen
dsow- leiden
dsögijn bal (Bienen)Honig
dsöögtsch Kellner
dsöw richtig
dsöwhön nur
dsöwl- empfehlen
dsöwschöörö- einverstanden sein
dsudsaan dick
dsugaal- spazieren gehen

dsugaataj lustig
dsun Sommer
dsura- malen (künstl.)
dsurag Bild
dsurag aw- fotografieren
dsuslan Sommerlager (mong.)
dsuusch Imbiss, Vorspeise
dsüjtej! richtig!
dsütge- sich Mühe geben
dsüü (Näh)Nadel
dsüün Osten; östlich
dsüün gar tald links

DSH

dshaahan bisschen, etwas
dshargal Glück
dshigüürten Vögel
dshil Jahr
dshil bürijn jährlich
dshims Obst
dshin Gewicht
dshinhene echt (nicht künstl.)
dshischee Beispiel
dshischeelbel zum Beispiel
dsholood- steuern
dsholootsch Chauffeur
dshor Rezept (med.)
dshuram Regel, Ordnung
dshuultschlalyn gadsar Reisebüro

E

edsemsh- besitzen
edsen Besitzer (Anrede: Herr)
eedsh Mutter
ee haral daa! schade!
egnee Reihe
egtsch Schwester (ältere)
ehl- anfangen
ehleed zuerst
ehner Ehefrau
ehnergüj ledig (= ohne Frau)
ehnertej verheiratet (= mit Frau)
eh nutag Heimat
eksport Export
eleg Leber
els Sand
eltschin sajdyn jaam Botschaft
em Arznei; Tablette
emeel Sattel
emeg eh Großmutter
emegtej Frau
emijn san Apotheke
emneleg Krankenhaus
emtsch Arzt
emtschl- behandeln (Arzt)
ene dies, diese(r, -s); es
enhrij zärtlich
enh tajwan Frieden
er- suchen
er em hojor Ehepaar
erg- umdrehen
erh Recht
erh tschölöö Freiheit
er hün Mann
er nöhör Ehemann
ert früh
erüül gesund
erüül mend Gesundheit
esreg gegen
eswel oder
etseg eh Eltern
ewd- zerstören
ewderhij kaputt
ewer Hörner, Geweih
Ewrop Europa

F

Frants Frankreich
frants französisch
frants hün Franzose, Französin

G

gaal* Zoll
gaans Pfeife (mongol.)
gadaa draußen
gadaad uls Ausland
gadaadyn ausländisch
gadaadyn hün Ausländer
gadsar Gegend, Stelle, Ort
gadsar sajgüj überall
gadsaryn dsurag Landkarte
gahaj Schwein
gajgüj leidlich, nicht schlimm
gal Feuer
gal dsuuh Küche
galt tereg Eisenbahn, Zug

gantsaaraa allein
gants neg einzeln
gar Hand; Arm
gar- (+5.) aussteigen
garah (haalga) Ausgang(stür)
garamgaj hervorragend
garduul- überreichen
gargadsh ög- begleiten
gar nüürijn altschuur Handtuch
garyn üseg Unterschrift
garyn üseg sura- unterschreiben
ge- verlieren (etwas)
gedeg genannt
gedes Bauch
geh met und so weiter
gelee tsch gesen trotzdem
gemte- sich verletzen
gemtel Panne
genthen plötzlich
ger Jurte (mongol.)
ger bül Familie
gerel Licht
gerel dsurag Foto
gerel dsurgijn apparat Fotoapparat
gerl- heiraten
german Deutschland; deutsch
german hün Deutsche(r)
gewtsch aber, jedoch
gitsch Senf
gojmon Nudel
gojo schön
gol Fluss
gomdol meduul- sich beschweren
gramm Gramm
guaj Herr, Frau (Anrede)
guands Restaurant
guands Gaststätte
gudamdsh Straße
gujh bitten
gujlt Bitte
gujwuulga Überweisung
gunigtaj traurig
gutal Schuh
-güj (End.) ohne
güjtsetg- durchführen
gün tief
güts Kanne (mongol.)
güür Brücke

H

haaja haaja ab und zu
haalga Tür
haalttaj geschlossen
haana tsch ügüj nirgendwo
haa neg gadsar irgendwo
had Felsen
hadaas Nagel (Metall)
hagas Hälfte
hajag Adresse
hajr Liebe
hajrtsag Kiste
hajtsch Schere
halbaga Löffel
haluun heiß
haluun hogoo Gewürz
haluur- Fieber haben
hamaar- gehören
hamar Nase
hamt zusammen
hana Wand
hangalttaj genug
haniad Grippe
har- besichtigen
har*jaat bajh Staatsangehörigkeit
harandaa Bleistift
haranhuj dunkel
harijn fremd
harin jedoch
hariu Antwort
hariul- antworten
hariul- (mal) hüten (Vieh)
haschaa Umzäunung, Gehege (mongol.)
hatagtaj Dame
hatuu fest; hart
hatuu tschiher Bonbon
hawar Frühling
heden? wie viel?
hedsee? wann?
hedsee negen tsagt irgendwann
hel Sprache
hel- sagen, reden
helnij dsüj Grammatik
hemdshee Größe (Kleidung u. ä.)
hen? wer?
henij? wessen?
hen tsch ügüj niemand
hereg Angelegenheit
hereggüj unnötig
heregl- nutzen

heregtej müssen (Zwang); notwendig
heregtsee Bedarf
her udaan? wie lange?
heseg Teil
hewijn normal
hiam Wurst
hij- handeln, machen, tun
hijd Kloster (Kirche)
hijgemleg Gesellschaft
hijlge- machen lassen
hil Grenze
hirtej schmutzig
hitscheel Unterricht
hjamdhan billig
hjatad China; chinesisch
hjatad hün Chinese, Chinesin
hodood Magen
hodshimd- sich verspäten
hog Müll
hojno hinten
hojt Norden; nördlich
hol fern, weit
hon* Schaf
hoolnij tsag Mahlzeit
hooloj Hals; Stimme
hoorond zwischen
hooson leer
hor Gift
horig Verbot
horoolol Stadtviertel
hos Paar (Gegenstand)
hot Stadt
howor selten
hödl- bewegen
hödölgöön Verkehr
hödöö (auf dem) Land
hödöö adsh ahuj Landwirtschaft
högdshil Entwicklung
högdshiltej fröhlich
högdshim Musik
höl Fuß; Bein
höl bömbög Fußball
höndij Tal
höngön leicht (Gewicht)
höörhön hübsch
hörgögtsch Kühlschrank
hörsch Nachbar
hudal(aa) Lüge
hudald- verkaufen
hudaldaa Handel
hudaldaatschin Händler
hudaldagtsch Verkäufer(in)
hudaldan aw- einkaufen
hudaldan awagtsch Käufer
hudal hel- lügen
hulgaj Diebstahl
hurim Hochzeit
hurts scharf
hurtsch ireh Ankunft
huruu Finger
hutga Messer
huul* Gesetz
huuraj trocken
huutas Blatt (Papier)
huutschin alt (nicht neu)
huwa- teilen
huwaaril- verteilen
huwijn privat
huwin Eimer
hüjten kalt
hüle- warten
hüleedsh baj! Moment mal!
hüleen aw- empfangen
hün Mensch, Person
hün am Einwohner
hün am*tan Leute
hün bur jeder
hünd schwer
hünsnij baraa Lebensmittel
hürtel bis
hüse- wünschen
hüsel Wunsch
hütsch Kraft
hütschintej gültig
hütschtej stark
hüü Sohn
hüüe! he, hallo!
hüühed Kind
hüüheldej Puppe

I

ide- essen
idee Speise
ih groß; sehr
ih delgüür Kaufhaus
ih surguul* Universität
ijm solche(r, -s)
ilge- schicken
ilgeemdsh Paket
iltgel Vortrag
ine- lachen
ineemsegl- lächeln
ingehed auf solche Weise
ir- kommen
ireedüj Zukunft
ireg Hammel

irgen (Staats)Bürger
irüül- kommen lassen
itge- glauben

JA

jaadsh neg irgendwie
jaagaad? warum?
jaam Ministerium
jaaraltaj dringend
jadarsan müde
jadsh? wie?
jaduu arm
jal Strafe
jalgaa Unterschied
jamaa Ziege
jamar? welche(r, -s)?
jands bürijn verschieden
jara- sich beeilen
jari- sprechen
jaria Gespräch
jas Knochen
jaw- fahren; gehen
jawah tsagijn chuwaar* Fahrplan
jawgan jaw- zu Fuß gehen
jawuula- schicken (gehen lassen)

JE/JO/JU

jerijn normal
jer n* im Allgemeinen
jerö- jmdm. etwas wünschen
jerönhij allgemein
jerööl Segensspruch
jos Sitte
jostoj müssen (Vermutung)
jum Sache; etwas; sein/ist/sind; (Partikel)
juu was
juu tsch ügüj nichts

K

kafe Café
kass Kasse
kino Kino; Film
kofe Kaffee
kontor Kontor (Büro)

L

laa Kerze
laads Dose
lam Lama (buddh. Mönch)
lonh Flasche

M

magadgüj vielleicht
mah Fleisch
maj! nimm!
majhan Zelt
mal adsch ahüj Viehzucht
malgaj Hut, Mütze
maltschin Viehzüchter
mand- erblühen
margaan Streit
margaasch morgen
margald- sich streiten
mart- vergessen
masch sehr
maschin Maschine; Auto
maschiny dsaswaryn gadsar Autowerkstatt
maschiny osol Autounfall
med- wissen
medee Auskunft, Nachricht
medegd- benachrichtigen
medegdel Anmeldung
medrehüj Gefühl
mend hürg- grüßen (jmdn.)
mendl- begrüßen
meregdshil Beruf
meregdshilten Fachmann
metr Meter
minut Minute
mod Baum; Holz
mogoj Schlange
mongol Mongole; mongolisch
mood Mode
mor* Pferd
mord- sich auf den Weg machen
motor Motor
motortsikl Motorrad
möhööldös (Speise)Eis
mön auch
möngö Geld; Silber
möngö töl- bezahlen
mönh ewig
möög Pilz
mös Eis
mudsej Museum
muu schlecht
muu bai- übel sein

muur Katze
muutaj hässlich

N

na- kleben
naad- spielen
naadam Naadam (mongol. Fest)
naaschaa! hierher!
najd- hoffen
najds Freund
najramdal Freundschaft
najrsag freundlich
nam Partei
namar Herbst
nar Sonne
narijn eng, fein
nas Alter, das
nas bar- sterben
nasl- alt werden
nastaj alt (nicht jung)
nawtsch Blatt (bot.)
ne- öffnen
neeree! wirklich!
nehij Pelz
nem- hinzufügen
ner Name
nertej bekannt, berühmt
nijslel hot Hauptstadt
nijt gesamt
nileed ziemlich
nimgen dünn
nise- fliegen
niseh ongots Flugzeug
niseh ongotsny bilet Ticket
niseh ongotsny buudal Flughafen
nodnin voriges Jahr
nogoo Gemüse
nohoj Hund
nojon Herr, Fürst
nojrs- schlafen
nojton nass
nom Buch
nomijn san Bücherei
noos Wolle
nooson tsamts Pullover
notolgoo Beweis
nögöödör übermorgen
nöhörgüj ledig (= ohne Ehemann)
nöhörsög bus unfreundlich
nöhörtej verheiratet (= mit Ehemann)
num sum harw- bogenschießen (mongol.)
nuruu Rücken
nusny altschuur Taschentuch
nuur See, der
nüh Loch
nütsgen nackt
nüür Gesicht

O

odoo jetzt
odoohon sofort
odoohondoo zur Zeit
odoo tsagijn modern
ogtl- schneiden
ohin Tochter; Mädchen
oj Jahrestag
ojlg- verstehen
oj mod Wald
ojodlyn utas Nähgarn
ojr nah
ojroltsoogoor circa, ungefähr
ojrotsoo in der Nähe sein
ojtschi- fallen
ol- finden
olg- abgeben
olon viel
olon udaa oftmals
olon ulsyn international
ols Strick
ongojlg- offen, geöffnet
ongojlgogsch Öffner
ontsgoj besonders
onts sajn ausgezeichnet
or Bett
or- eintreten
or! herein!
or dernij heregsel Bettzeug
ordon Palast
orgil Gipfel
orlogo Einkommen
oroh (haalga) Eingang(stür)
oroj spät
oroj Abend
orojn hool Abendessen
orolts- teilnehmen
oron (üls) Land (Staat)
oron suuts Wohnung
oroolt Binde (med.)
oros Russland; russisch
oros hün Russe

orschi- sich befinden
ortschin Umgebung
ortschuulagtsch Dolmetscher
osol Unfall
otschi- hingehen
owog Familienname

Ö

ödör Tag
ödör bür täglich
ödör schöngüj Tag und Nacht
ög- geben
öglöö Morgen, der
öglööd morgens
öglöönij tsaj Frühstück
ögüüle- erzählen
ögüülleg Geschichte (Erzähl.)
ölgüür Kleiderständer
öls- Hunger haben
ömd Hose
ömnö vor; Süden; südlich
ömnö (+5.) bevor
öms- anziehen
ömtsch Eigentum
öndög Ei
öndör hoch
öngö Farbe
öngöt bunt
öngöt kino Farbfilm
önöödör heute
ööhtej fett
öör andere(r, -s)
ööröö selbst
öörtschl- verändern
örgön breit, weit
örgörts Gurke
örgötg- erweitern
öröö Zimmer
örtöö Pferdestation (mongol.)
ös- wachsen
ötschigdör gestern
öwög etseg Großvater
öwöl Winter
öwöldshöö Winterlager (mongol.)
öws nogoo Gras
öwtschin Schmerz (körp.)
öwtschtej krank sein

P

paschaan us Mineralquelle
pasport Pass
pijw Bier
piwo Bier
pjands Schallplatte
programm Programm

R/S

radio Radio
restoran Restaurant
ruu / rüü (Vok.!) zu, nach (Richtungsanzeiger)
saad Hindernis
saad hij- stören
sajahan vorhin
sajdshruul- verbessern
sajhan schön
sajn gut
sajn (+5.) besser als
salhi Wind
sam Kamm
san- sich erinnern
sanaar- beabsichtigen
sanal Idee
sanal garg- vorschlagen
sanamsargüj zufällig
sandal Stuhl
sar Monat; Mond
sarlag Jak (Wildrind)
sarmis Knoblauch
sarnaj tsetseg Rose
saruul hell
saw Gefäß
sawan Seife
sedew Thema
sekund Sekunde
sel- schwimmen
sere- wecken
seree Gabel
serg- aufwachen
serüühen kühl; frisch
serüülegtsch Wecker
serüün bai- wach sein
setgeltej bol- sich verlieben
setgüül Zeitschrift
setgüültsch Journalist(in)
sogtuu betrunken
sojol Kultur
soli- wechseln
soljdsh öms- umziehen (Kleid.)
song- aussuchen
songino Zwiebel
sonin Zeitung
sonirh- sich interessieren

sonirhol Interesse
soniutsch neugierig
sons- hören
sön- vernichten
sum Somon, Kreis (administr.)
sura- lernen
surg- lehren
surguul* Schule
suu- sitzen; wohnen
suu- (+3.) einsteigen
suudal Platz (Sitz)
suulgah Durchfall (med.)
suwilagtsch (Kranken)Schwester
süm Kirche
süreg Herde
süü Milch
süüder Schatten
süüld n* zuletzt
süülijn letzte(r, -s)

SCH

schaardlaga Forderung
schalg- kontrollieren
schar- braten
scharh Wunde
schar schaschin Lamaismus
schar tos Butter
schata- brennen
schide- werfen
schidems Strick
schijdwerl- entscheiden
schijtge- bestrafen
schil Glas (Material)
schil ajaga Glas (Gefäß)
schindshleh uhaan Wissenschaft
schine neu
schiree Tisch
schirheg Stück
schoroo Staub
schöl Suppe
schönö Nacht
schuud direkt
schuudaj Sack
schuudangijn gadsar Postamt
schuudangijn mark Briefmarke
schuurga Sturm
schuwuu Vogel
schüd Zahn
schüdnij oo Zahnpasta
schüdnij sojds Zahnbürste
schürschüür Dusche
schüügee Schrank
schüüs Saft
Schwejtsar Schweiz
schwejtsar schweizerisch
schwejtsar hün Schweizer(in)

T

ta ihr
Ta Sie (höfl. Anrede)
taads (Schlaf)Decke
taamagl- vermuten
taar- passen
tahia Huhn
tajl- ausziehen
tajlbarl- erklären
Ta juu genee? wie bitte?
tajwan ruhig
taksi Taxi
tal Seite (Richtg.); Flachland
talbaj Platz (öffentl.)
talh Brot
tamhi Tabak (Zigarette)
tamhi tat- rauchen
tani- kennen
tanihgüj unbekannt
tanil hün Bekannter
tanilsuul- sich vorstellen (mit Namen)
tanilts- sich bekanntmachen
tarialan Ackerbau
tariatschin Bauer
tarwaga Murmeltier
tasalbar Quittung
tasalgaa Zimmer
taschuur Peitsche (mongol.)
tat- ziehen
tatwar Gebühr
tawag Teller
tawgüj unbequem
tawi- stellen
teatr Theater
ted (nar) sie (Mz)
tedsheel Futter
tegeed dann
telewiser Fernsehgerät
temdeglel Notiz
temee Kamel
temtsel Kampf
tend dort, dorthin
teneg dumm

tenger Himmel; Wetter
tengis See, die
tereg Wagen
ter diese(r, -s); jene(r, -s); es
ter (hün) er; sie (Ez)
ter üed währenddessen
tewerl- transportieren
tijm utschraas darum, deshalb
todorhoj klar, genau
togl- spielen
toglolt Vorstellung (Theat.)
togloom Spiel
togloom tuhuu Spaß
togoo Topf
tojron ajalal Rundreise
tol* Spiegel
tol* bitschig Wörterbuch
tolgoj Kopf; Hügel
tom groß
tongorog Taschenmesser
too Zahl
tool- rechnen; zählen
toos Staub
tootsoo Rechnung
tos Öl
tosgon Dorf
towtsch Knopf
towtschoo Büro
tögsgöl Ende
töl Jungvieh
tölöö für
tölöölögtschid Delegation
tölöwl- planen
tölöwlögöö Plan
tömör dsamyn buudal Bahnhof
töms Kartoffel
töröl Art
törsön ödör Geburtstag
töw Zentrum
tugal Kalb
tuld damit
turschlaga Erfahrung
tusla- helfen
tuslaaraj! Hilfe!
tülhüür Schlüssel
türgen schnell
türhdeg tos Creme
tüüh Geschichte (wiss.)
tüüh Geschichte (Hist.)
tüühij roh

TS

tsaana jenseits
tsaas Papier
tsadsan satt sein
tsag Zeit, Uhr
tsagaan budaa Reis
tsagdaa Polizei
tsag uur Klima
tsahilgaan Strom (elektr.)
tsaj Tee
tsalin Lohn, Verdienst
tsamhag Turm
tsamts Hemd, Bluse, Jacke
tsangaa Durst
tsas Schnee
tseedsh Brust (anatom.)
tsereg Soldat
tses Speisekarte
tsetseg Blume
tsetserleg Garten, Park
tsewer sauber
tsewerl- säubern
tsonh Fenster
tsoodsh Schloss (z. B. Tür-)
tsugluul- sammeln
tsus Blut
tsünh Tasche

TSCH

tsch sogar
tschad- können
tschagn- zuhören
tschan- kochen
tschanar Qualität
tschanga laut
tschek Scheck
tschemodan Koffer
tschi du
tschigeeree geradeaus
tschiglel Richtung
tschiher Zucker; Bonbon
tschiherleg süß
tschimee Lärm
tschimeegüj still
tschimeg Schmuck
tschir- abschleppen
tschölöötej frei
tschuhal wichtig
tschuham eigentlich
tschuluu Stein
tschüdends Streichholz

U

udaan lang (zeitl.)
udahgüj bald
udirdagtsch Führer
uga- waschen
uhaantaj klug
ujaa Bindfaden
ujl- weinen
ujtgartaj langweilig
uliral Jahreszeit
uls törijn bodlogo Politik
umar Norden; nördlich
una- reiten
unaa Fahrzeug, Auto
unaany dsardal Fahrpreis
undaa Getränk; Limonade
unschi- lesen
unschilgyn lam Pfarrer
unta- schlafen
uragschaa! vorwärts!
urald- rennen
urd dsüg Süden; südlich
urga- wachsen
urgamal Pflanze
urgats Ernte
uri- einladen
urilga Einladung
urlag Kunst
urt lang (räuml.)
us Wasser
usand oroh gadsar Schwimmbad
usand oroh öröö Badezimmer
usan ongots Schiff
utas Telefon
utsaar jari- telefonieren
utschra- sich begegnen
utsraas dadurch
uu- trinken
uul Berg
uuldsa- treffen
uulga- trinken lassen
uuls Gebirge
usny huwtsas Badeanzug
usny ömd Badehose
uurla- sich ärgern
uut Tüte
uutschlal Entschuldigung

Ü

üd Mittag
üdees hojsch Nachmittag; nachmittags
üdees ömnö Vormittag; vormittags
üdesch Abend
üdijn hool Mittagessen
üds- sehen
üdsesgelen Ausstellung
üdsüüle- zeigen
üg Wort
üg hel- eine Rede halten
ügüj nicht; nein
ühel Tod
üher Rind
üjldwer Fabrik
üjldwerlegtsch Hersteller
üjldwerlel Produktion
üjl jawdal Ereignis
üldegdel Rest
ültschlegtsch Schaffner
ündes Grundlage
ündesten Nation
üne Preis
ünee Kuh
ünemleh Ausweis, Pass
ünen Wahrheit
ünendee allerdings
ünentsch ehrlich
üner Geruch
ünerle- küssen
ünetej kosten; teuer
ünsnij saw Aschenbecher
ür dün Ergebnis
ürgeldshl- andauern
ür udam Nachkomme
üs Haar(e)
üseg Buchstabe
üstschin Frisör
üüd Tür
üünij daraa nachher
üür Morgengrauen
üüreg Pflicht
üürgewtsch Rucksack

W

-wal (End.) falls, wenn
waljut Valuta
wandan Bank (Sitz-)

Der Autor

Arno Günther, geb. 1955 in Berlin, beendete 1981 sein Studium der Asienwissenschaften an der Universität Ulaanbaatar. Er ist Diplom-Mongolist und absolvierte Studiengänge als Historiker sowie zur Außenwirtschaft. Viele Jahre beschäftigte er sich mit Ost- und Südostasien, insbesondere aber mit der Mongolei. Als Repräsentant deutscher Firmen erlebte er vor allem 1991 den demokratischen Umbruch in der Mongolischen Republik „vor Ort" hautnah mit. Bereits seit längerer Zeit gehört sein ganz spezielles Interesse der Gegenwart der Mongolei, mit der er sich wissenschaftlich beschäftigt und über die er auch publiziert.

Mit diesem Buch verbindet er den Wunsch, die Mongolei, so wie sie heute ist, den Interessierten zugänglicher zu machen.

Ein herzliches Dankschön gebührt Herrn A. Tserenschulun, Ulaanbaatar, für die Durchsicht und Bereicherung des vorliegenden Kauderwelsch-Bandes.